A CIÊNCIA DO SUCESSO

Uma série de artigos inéditos do homem que mais influenciou líderes e empreendedores no mundo

NAPOLEON HILL

DIAMANTE DE BOLSO

A ciência do sucesso - Versão de bolso

8ª edição: Maio 2025

Autor:
Napoleon Hill

Revisão:
3GB Consulting

Edição e preparação de texto:
Lúcia Brito

Projeto gráfico:
Dharana Rivas

Impressão:
Plena Print

DADOS INTERNACIONAIS DE CATALOGAÇÃO NA PUBLICAÇÃO (CIP)

H647c Hill, Napoleon.
A ciência do sucesso / Napoleon Hill. – Porto Alegre: CDG, 2019.
ISBN: 978-65-5047-024-1
1. Desenvolvimento pessoal. 2. Motivação. 3. Sucesso pessoal. 4. Autoajuda. 5. Psicologia aplicada. I. Título.
CDD - 131.3

Produção editorial e distribuição:

CITADEL Grupo Editorial
contato@citadel.com.br
www.citadel.com.br

Diamante de Bolso

A coleção Diamante de Bolso apresenta os clássicos de Napoleon Hill em versão concisa. Os títulos do catálogo da Citadel Editora foram cuidadosamente lapidados para oferecer facetas cintilantes da obra original.

Este diamante é uma pequena gema para estimular a leitura do livro na íntegra. Uma joia para acompanhar o leitor no dia a dia, como lembrete ou fonte de inspiração.

Aproveite!

PREFÁCIO

Sucesso é mais que dinheiro e fama. É prosperidade em todas as áreas-chave da nossa vida. E da mesma maneira que se aprende física, biologia, matemática ou física pode-se aprender a ter sucesso. Porque sucesso é uma ciência. Ciência é o corpo de conhecimentos adquiridos via observação, identificação, pesquisa e explicação de fenômenos e fatos.

Napoleon Hill dedicou a vida a investigar o sucesso, pesquisar seus componentes e catalisadores. E legou ao mundo o seguinte enunciado sobre o sucesso:

- Todo sucesso é resultado de um poder.
- Todo poder é resultado de um esforço organizado.
- Todo esforço organizado é resultado de um objetivo bem definido.
- Todo objetivo bem definido é resultado de um sonho.

Sucesso não é questão de sorte, acaso ou passe de mágica. É a combinação inteligente de vários fatores. Exige estudo, análise, reflexão – e ação.

Este livro apresenta *insights* de Napoleon Hill em artigos publicados pelo jornal *Miami Daily News* em junho e julho de 1956, em uma série chamada *Ciência do Sucesso*. Sou especialista em Napoleon Hill, estudo a filosofia da Lei do Sucesso há quatro décadas; ainda assim, foi uma grata surpresa tomar conhecimento desse material. Os textos curtos compõem um conjunto de leitura rápida e agradável, nem por isso trivial.

Que sorte a nossa podermos aprender sobre o sucesso a partir da teoria organizada por Napoleon Hill, testada e aprovada por milhões de leitores.

Boa leitura e sucesso para você também!

Jamil Albuquerque
Presidente do Grupo MasterMind
Treinamentos de Alta Performance

SUMÁRIO

CORTESIA AJUDA A CONQUISTAR A LIDERANÇA

A cortesia talvez seja a característica mais singular a permitir que o homem se identifique como um ser civilizado. É o sinal cotidiano de sua humanidade.

Os animais não têm consideração por seus companheiros. Na verdade, o homem primitivo também não tinha. Um dos sinais da aurora da civilização foi o estabelecimento de padrões de conduta entre os homens.

Seguindo nessa linha, quanto mais desenvolvida a civilização, mais alto é o grau de cortesia, educação e consideração que seus membros demonstram uns pelos outros. Considere, por exemplo, as elaboradas demonstrações de cortesia trocadas em culturas tão antigas quanto a chinesa, a romana ou a japonesa.

Cortesia reflete a atitude de uma pessoa em relação a outra. Por meio dela, você consegue demonstrar sua submissão ao mandamento "amem-se uns aos outros". E com isso demonstra o respeito, a estima e o apreço que tem por aqueles com quem entra em contato. Ainda mais importante, demonstra respeito por si mesmo.

OS PADRÕES NÃO MUDAM

Boas maneiras são o ritual pelo qual a cortesia é expressada. Os padrões e hábitos – a reverência, a tirada de chapéu – variam de ano para ano e de país para país. Os padrões da cortesia em si, porém, não mudam. São constantes e infalíveis.

O que isso tudo tem a ver com você e seus sonhos de sucesso? Por meio da cortesia, você demonstra seu nível de civilização e cultura. Apenas as pessoas mais evoluídas, civilizadas e cultas têm o direito de se considerar aptas a liderar os outros.

Educação e cortesia – longe de serem um sinal de subserviência – demonstram que você tem consideração e interesse pelo valor e importância de cada pessoa que conhece.

SCHWAB, UM EXEMPLO

Uma vez perguntaram a Andrew Carnegie como Charles M. Schwab se tornou seu braço direito, com um salário enorme. "Em primeiro lugar", respondeu Carnegie, "não aconteceu do nada. Charlie fez acontecer por sua capacidade ilimitada de conquistar as pessoas por meio de sua cortesia e tato."

O tato e a cortesia estão tão ligados que faremos desse o próximo assunto a ser discutido na nossa série *Ciência do sucesso*. Enquanto isso, comece hoje mesmo a fazer da cortesia a marca registrada do seu caráter. Isso vai lhe dar a imagem de uma pessoa destinada ao sucesso – e é certo que vai atingi-lo.

TATO AJUDA A ATINGIR OBJETIVOS

Tato é a arte de superar oposição. Com tato você consegue transformar obstáculos em degraus para o sucesso. Tato requer consideração, bom discernimento e a capacidade de chegar a decisões rápidas pelas próprias pernas, por assim dizer.

Com o auxílio do tato, você consegue dizer as coisas que as pessoas querem ouvir ou fazer as coisas que elas querem que sejam feitas. Note, entretanto, que isso não significa que você fala o que as pessoas querem que você fale e faz o que elas querem que você faça. Existe uma grande diferença.

Tato e sinceridade nos propósitos são gêmeos inseparáveis – quase siameses, já que dificilmente um pode ser encontrado separado do outro. Quase tudo na vida é questão de dar e receber. E você vai perceber que consegue fazer negócios melhores se desenvolver o poder do tato como uma forma de negociação eficiente pelos caminhos da vida.

Qualquer um pode se tornar uma pessoa de tato. É uma simples questão de freio e discrição, de colocar a razão e a lógica à frente da emoção, de tentar prever o impacto que as palavras e ações terão nos outros.

Fica mais fácil desenvolver o tato se você aprender a fazer as seguintes perguntas a si mesmo antes de falar em situações importantes: "Supondo que eu fosse a outra pessoa, como eu gostaria de ouvir o que estou prestes a falar? Que palavras eu gostaria de ouvir para suavizar a mensagem? Como posso tornar essa mensagem algo que ela queira ouvir?".

Em todas as situações, a variante mais forte será a outra pessoa. Você deve ter condições de julgar o caráter e a personalidade do outro com rapidez e exatidão antes de decidir um curso de palavras ou ação. Uma mesma situação envolvendo pessoas diferentes pode exigir soluções totalmente diferentes.

A AJUDA DE OUTROS NOMES

Para dar um exemplo, tato foi a única ferramenta que William Harper, finado presidente da Universidade de Chicago, usou para arrancar US$ 1 milhão - para a construção de um novo prédio no *campus* - de um homem especialmente refratário a pedidos de doação. Sabendo que um pedido brusco resultaria em uma rejeição rápida, Harper estudou o homem cuidadosamente. Descobriu que, além de muito dinheiro, o homem tinha uma longa lista de rivais nos negócios, que ele adoraria ofuscar.

"Gostaria de informar", Harper disse ao homem, "que tomei a liberdade de indicá-lo à honra de doar o novo prédio do *campus*. Os curadores escolherão o doador amanhã."

"O que o faz pensar que desejo a honra?", perguntou o homem.

"Tem razão", disse Harper, se preparando para ir embora. "Obrigado por me receber. De qualquer forma, temos quatro nominados." Harper revelou os quatro nomes, entre os quais estava um dos piores rivais do empresário. O homem ficou chocado.

"Você consegue marcar uma reunião para eu conversar com os curadores antes de eles votarem?", perguntou. Harper disse que conseguia.

O resultado foi que, no dia seguinte, o homem chegou com um cheque de US$ 1 milhão nas mãos, implorando pela chance de doar. Convencer os curadores não foi lá muito difícil.

Você também pode usar o tato para provocar nos outros um desejo ardente de ajudá-lo a alcançar seu objetivo.

OFEREÇA A MÃO AOS MENOS AFORTUNADOS

Algumas pessoas acham impossível ganhar dinheiro – chegar ao sucesso – sem privar os outros disso. Nada poderia ser mais distante da verdade. As verdadeiras grandes fortunas são acumuladas por homens com visão e coragem para desenvolver um serviço ou produto melhor, o que por sua vez cria empregos, oportunidades de investimento, vendas e riqueza para muita gente.

Entretanto, o sistema econômico norte-americano é baseado – muito acertadamente – na competição. Para ser bem-sucedido, você precisa aprender a se conduzir de modo adequado, sob condições competitivas, entre pessoas, companhias, produtos e serviços. Você precisa levar para essa arena os mesmos padrões de comportamento elevados que se aplicam no campo esportivo.

AJUDE SEUS COMPANHEIROS

Lembre-se, antes de tudo, que nenhum homem chega ao topo nos ombros de outro. Você se mantém de pé ou cai por seus próprios méritos e contribuições.

Elbert Hubbard escreveu: "Há tanto bem no pior de nós e tanto mal no melhor de nós que não convém nenhum de nós falar mal dos outros". Ele também disse: "Se for difamar alguém, não fale. Escreva – na areia, à beira d'água".

Espírito esportivo é uma qualidade positiva e não passiva. Em vez de apenas nos abstermos de chutar quem já está caído, devemos oferecer uma mão amiga para que se levante.

Sua atitude deve ser a mesma na vitória e na derrota. Um desistente nunca vence, e um vencedor nunca desiste.

VERDADEIRO ESPÍRITO ESPORTIVO

É nos piores momentos que o verdadeiro esportista demonstra coragem e espírito de luta. E na euforia da vitória ele demonstra o maior cuidado com aqueles que ficaram para trás na disputa.

A marca do verdadeiro líder não está tanto em sua coragem, força ou inteligência. Ela se mostra na preocupação pelos menos favorecidos, pela natureza ou pelas circunstâncias.

Você pode demonstrar sua capacidade – e direito – de liderar exercitando uma dose extra de espírito esportivo necessário para tornar o trabalho dos outros mais fácil e a existência deles mais confortável. Lembre-se de que, quando facilita o caminho dos outros para o sucesso, você também tira obstáculos do seu.

AJUDAR COMPENSA

Art Linkletter, personalidade da televisão e do rádio, dá um bom exemplo. Paralelamente à movimentada carreira no entretenimento, Art tem um dedo em montes de pequenos negócios que ele ajudou outras pessoas a construir com seu investimento, tempo, esforço, aconselhamento - e encorajamento. Como resultado, ele tem participação em - e lucra com - vários produtos e serviços, como revelação de fotos, fabricação de câmeras para televisão, minas de chumbo, um clube de boliche e um rinque de patinação.

As pessoas que Art ajudou a se estabelecer nesses negócios sabem que ele é um verdadeiro líder. Você pode se tornar o mesmo tipo de líder com um espírito esportivo dinâmico.

Não ofereça apenas sua amizade aos outros. Ofereça uma mão amiga.

GRATIDÃO SINCERA PAGA DIVIDENDOS

Muitos homens e mulheres de sucesso afirmam ter chegado lá "por si". Mas o fato é que ninguém chega ao topo sem ajuda.

Tendo definido seu objetivo principal – e dado os primeiros passos para atingi-lo –, você se vê recebendo ajuda inesperada de vários lados. Você tem que estar preparado para agradecer pela ajuda humana e divina que recebe.

Gratidão é uma palavra linda. É linda porque descreve um estado mental de natureza profundamente espiritual. Realça a personalidade com magnetismo e é a chave mestra que abre a porta para os poderes mágicos e a beleza da Inteligência Infinita.

Gratidão, assim como outros traços da personalidade agradável, é uma simples questão de hábito. Mas também é um estado mental. A não ser que você realmente sinta a gratidão que expressa, suas palavras serão ocas e vazias – e soarão tão falsas quanto o sentimento que você oferece.

AGRADEÇA DIARIAMENTE

Gratidão e benevolência estão intimamente ligadas. Ao desenvolver o senso de gratidão de modo consciente, sua personalidade se torna mais cortês, digna e benevolente.

Nunca passe um dia sem tirar alguns minutos para agradecer pelas bênçãos. Lembre-se de que gratidão é uma questão de comparação. Compare as circunstâncias e eventos com o que poderiam ter sido. Você vai perceber que, não importa o quanto as coisas estejam ruins, poderiam estar ainda piores – e ficará grato por não estarem.

Três expressões devem estar entre as que você mais usa diariamente. São elas "Obrigado", "Sou grato" e "Agradeço".

Seja criativo. Tente encontrar novas e singulares formas de expressar gratidão. Não necessariamente com bens materiais, até porque tempo e esforço são mais preciosos, e usá-los para demonstrar gratidão vale muito a pena.

AGRADEÇA AOS QUE ESTÃO PRÓXIMOS A VOCÊ

Não se esqueça de agradecer aos que estão mais próximos – esposa ou marido, parentes e aqueles com quem convive diariamente e que possa eventualmente negligenciar. É provável você dever a eles mais do que percebe.

A gratidão adquire um novo significado, uma nova vida e um novo poder quando expressada em voz alta. Seus familiares provavelmente sabem que você é grato pela fé e esperança que depositam em você. Mas diga isso para eles! Muitas vezes você sentirá um novo espírito pairando em seu lar.

Torne sua gratidão criativa. Faça com que trabalhe para você.

Por exemplo, você já pensou em escrever um bilhete para o seu chefe dizendo o quanto gosta de seu trabalho e o quanto é grato pelas oportunidades que ele oferece? O impacto dessa gratidão criativa chamará a atenção de seu chefe – e pode até render um aumento para você. A gratidão é contagiosa. Seu chefe pode ser infectado e pensar em formas concretas de expressar gratidão pelos bons serviços que você presta.

Lembre-se de que sempre existe algo a que ser grato. Até o cliente potencial que despacha um vendedor deve ser agradecido pelo tempo que dedicou a ouvir. Ele ficará mais propenso a comprar da próxima vez.

Gratidão não custa nada, mas é um grande investimento em longo prazo.

AJUDAR OS OUTROS TAMBÉM AJUDA VOCÊ

Todos nós conhecemos pessoas bem-sucedidas que afirmam ter chegado lá "por si sós". Na verdade, não existe essa coisa de se fazer completamente por si só. As pessoas que fazem tais afirmações apenas provam que é possível aos ingratos ganhar dinheiro.

Todos que chegaram ao topo receberam empurrões importantes ao longo do caminho. A lei simples do jogo limpo exige que respondam ajudando os outros.

O momento decisivo da minha carreira, por exemplo, aconteceu quando Andrew Carnegie me aconselhou a organizar a Ciência do Sucesso como uma filosofia definitiva do conhecimento – e me ofereceu apoio e suporte ativos para fazer isso. Espero que, ao transmitir o que aprendi durante uma vida inteira de pesquisas, eu esteja pagando a dívida que contraí quando Carnegie me ofereceu seu auxílio muitas décadas atrás.

Você pode impulsionar sua própria carreira ajudando outros a atingir seus objetivos. Não existe verdade maior do que a do fantástico epigrama: "Ajuda o barco do teu irmão a atravessar, e teu barco chegará à praia".

Ninguém é mais rico do que o homem que dedica tempo e energia a ajudar o próximo. Note que não mencionei dinheiro. Também é válido ajudar os outros dessa forma se você tiver como bancar. Mas tempo e esforço são ainda mais preciosos. E a recompensa em satisfação e autocontentamento é equivalente ao investimento.

UMA RICA EXPERIÊNCIA PODE MUDAR O MUNDO

Uma das mais ricas experiências de que você desfrutará um dia é poder apontar para alguém no auge do sucesso e dizer: "Eu o ajudei a chegar lá". Seus esforços em nome de alguém menos afortunado não apenas ajudam essa pessoa, mas também acrescentam algo de valor inestimável à sua própria alma – quer o outro reconheça ou não a sua ajuda e seja grato ou não.

É estranho que a natureza humana busque batalhas, em nosso próprio nome ou em nome de outros. Lembro-me de uma ocasião, quando eu era consideravelmente mais jovem, em que fiquei livre de dívidas. Todas as minhas obrigações estavam quitadas. Fiquei contente – ou pensei ter ficado.

Com o passar dos meses, instalou-se uma inquietação. Demorei para perceber o que estava acontecendo. Eu sentia falta da diversão da luta.

Isso não significava, porém, que eu precisasse abandonar minha fortuna e recomeçar do zero. Descobri que poderia obter a mesma diversão ajudando os outros a travar suas batalhas, assumindo algumas de suas responsabilidades e com isso facilitando o caminho deles para o sucesso.

Pense em como o mundo mudaria se cada um de nós "adotasse" alguém para ajudar nessa vida! Em contrapartida, todos nós seríamos adotados e receberíamos ajuda.

Em uma pequena escala, isso já está acontecendo. Mas o sistema, se assim posso chamar, precisa ser melhorado e expandido como parte do progresso e da civilização humanos.

Nos primórdios dos tempos, o homem descobriu a resposta para a pergunta "Sou eu responsável pelo meu irmão?". A resposta é mais válida do que nunca hoje em dia.

ADICIONE MAGNETISMO À PERSONALIDADE

Sem dúvida você já conheceu pessoas que o atraíram de modo irresistível no primeiro contato – pessoas que você imediatamente aceitou como amigas e nas quais confia muito mais do que nos conhecidos comuns.

Todos nós temos magnetismo pessoal – alguns mais do que outros, mas todos temos em algum grau. O magnetismo pessoal parece ser uma condição biológica que determina a quantidade de sensações emocionais – como entusiasmo, amor e alegria – que somos capazes de gerar e aplicar em nossas palavras e ações.

Não temos como aumentar a qualidade ou

quantidade dessa condição, mas podemos organizá-la e direcioná-la para ajudar a atingir qualquer alvo desejado. E aqueles que aprendem a fazer isso muitas vezes se tornam os líderes, os construtores, os responsáveis e os pioneiros que ajudam nossa civilização a progredir.

Muitas vezes – mas nem sempre. Pois com frequência pessoas que nada valem têm esse grande poder de influenciar os outros. Portanto, cabe a nós tomar cuidado quando lidamos com tais pessoas até termos certeza de suas intenções e motivos.

De qualquer forma, o importante é que você pode botar seu magnetismo pessoal para funcionar a fim de atingir o sucesso. Com magnetismo, você pode conseguir a cooperação dos outros para atingir seus objetivos principais.

ENTUSIASMO POTENTE

O magnetismo pessoal é revelado basicamente pela voz, pelo olhar e pelas mãos – em resumo, as principais formas de comunicação de nossas ideias e pensamentos para os outros. Mas a sua atitude e postura também desempenham um papel nisso.

As palavras usadas podem ser bastante inexpressivas, mas o tom de voz, o poder da eloquência e o entusiasmo aplicados a elas podem ser muito mais poderosos do que a lógica e a retórica oferecidas. Por isso, uma pessoa com alto magnetismo pessoal pode nem precisar falar nada para atrair as pessoas.

Um exemplo notável é o reverendo Billy Graham. Ele é implacável em atrair almas para o Criador por meio de um olhar expressivo ou uma frase com voz melodiosa. Franklin Delano Roosevelt tinha o mesmo poder sobre os outros. Devo mencionar, porém, que Hitler, Mussolini e vários outros líderes repugnantes da história também tinham magnetismo.

Se tentar usar esse poder de modo consciente, você pode fazê-lo funcionar a seu favor. Aprenda a usar seus olhos, mãos e voz para transmitir autoconfiança, força espiritual e autoridade.

Faça um esforço consciente para olhar mais

diretamente nos olhos dos outros, para apertar as mãos com firmeza e cordialidade, para falar em tom de voz agradável e franco, no volume e timbre certos para prender a atenção de seus ouvintes.

Ative seu magnetismo pessoal e veja o que ele pode fazer por você!

A PERSPECTIVA ESPIRITUAL DA CHAVE PARA O SUCESSO

Apenas o diabo recusa o perdão. O Criador oferece perdão a todos, vivos ou mortos. Você tem coragem de fazer menos do que isso?

A palavra de Deus nos incita repetidamente a perdoar, a dar a outra face, a amar uns aos outros. A vingança pertence ao Senhor, e ele retribuirá.

Suas chances de sucesso material na vida dependem muito de sua perspectiva espiritual. Quanto mais positivo o seu pensamento, maiores as chances de sucesso. Tempo e pensamento dedicados à vingança são desperdiçados.

Existe uma regra de negócios de não jogar dinheiro

bom em cima de dinheiro mal-empregado. Esforço e energia gastos na tentativa de "ficar quites" vão pelo ralo da mesma forma. É muito melhor nos dedicarmos de forma construtiva a novos projetos e objetivos do que esgotar nosso espírito remoendo causas perdidas!

LEI DA COMPENSAÇÃO

Perdão não é o mero consentimento com o comportamento alheio. É mais positivo e ativo. Ao perdoar, assumimos parte do remorso que nossos ofensores deveriam sentir.

Cada vez que perdoa alguém, você amplia o espaço que sua alma ocupa, porque esse espaço é preenchido pelo ato de generosidade que você executa. A lei universal da compensação se aplica aqui mais do que em qualquer outra situação, já que até em nossas preces ousamos pedir perdão divino apenas na medida do perdão que concedemos aos nossos semelhantes.

O perdão é um remédio espiritual que funciona como uma via de mão dupla, curando a ferida psicológica de quem foi ofendido e também aliviando o peso da culpa de quem ofendeu. O perdão é o principal princípio do cristianismo, ordenado no Sermão da Montanha – "bem-aventurados os misericordiosos" e "não julguem para que vocês não sejam julgados. Pois da mesma forma que julgarem, vocês serão julgados, e a medida que usarem também será usada para medir vocês".

REGRA DE OURO, A MELHOR

As injunções bíblicas são plenamente aplicáveis à nossa vida material assim como à espiritual. A melhor regra dos negócios é a Regra de Ouro.

A maior parte das ofensas é baseada puramente em mal-entendidos. Poucas pessoas são ofensivas com as outras de modo consciente. Na maior parte das vezes, nos atemos mais aos nossos direitos do que aos nossos deveres. Todo revés na mão de outro pode ser transformado em lucro. Deixe-me dar um exemplo. Sou testemunha desta história – já que fui o palestrante.

Um palestrante foi boicotado por um líder local

em uma pequena cidade do Missouri porque o líder não gostava do patrocinador do palestrante. Quando o palestrante ficou sabendo, "retaliou" usando seu cachê de milhares de dólares pela palestra para comprar um horário no rádio a fim de que todos pudessem ouvi-lo de graça. A forma singular de "dar o troco" impressionou tanto o oponente que este deu seu aval ao palestrante com prazer.

O resultado foi um espírito construtivo completamente novo por toda a cidade. Antigas antipatias foram destruídas. A ideia de cooperação e ajuda se espalhou. Todo o caráter da cidade mudou. Novos projetos apareceram. Os negócios floresceram, e a comunidade desfrutou de prosperidade nunca antes vista.

TODOS GANHAM COM A COMPETIÇÃO

A competição saudável é a mola mestra dos negócios no nosso país. Inspira todos a dar o máximo no trabalho cotidiano. Tal é a natureza humana que, sem competição, homens e mulheres tendem a atingir um nível mórbido de mediocridade.

Talvez eu consiga ilustrar melhor meu ponto com uma parábola que, por sinal, é verídica. Norton, na Virgínia, era um vilarejo absolutamente parado na virada do século. Os donos das lojas – que mal podiam ser chamados de comerciantes – passavam a maior parte do tempo em volta de fogões a lenha proseando com os desocupados do vilarejo. As vitrines tinham mais poeira e teias de aranha do que produtos, e os clientes muitas vezes ficavam esperando sozinhos porque os proprietários estavam muito ocupados jogando damas.

Até que um dia um pequeno mascate chamado Ike Kauffman apareceu com um saco de produtos nas costas quase mais pesado do que ele. Durante meses Ike andou para cima e para baixo pelos rios Guest e Powell com seus artigos, familiarizando-se com todo mundo da região montanhesa.

IKE ACORDA O PESSOAL

Os comerciantes locais não levaram Ike a sério. Eles o chamavam de "homenzinho das bugigangas" – até o dia em que carpinteiros começaram a trabalhar na construção de uma loja com duas vezes a altura e três vezes o tamanho da maior loja da cidade.

Carregamentos começaram a chegar – e lá estava Ike Kauffman organizando a mais fina variedade de artigos que o povo de Wise County já tinha visto. Quando a loja abriu, multidões de clientes apareceram durante o dia para visitar. Norton nunca tinha visto algo assim.

Acontece que, enquanto vendia suas mercadorias pela região, Ike também fazia amigos. E, uma semana antes da abertura da loja, enviou convites para todos conhecerem o "maior e mais novo empório de Norton".

ENTÃO TODOS SE MEXEM

Os comerciantes locais ficaram de olhos esbugalhados diante da vitrine atraente, limpa e bonita. E então se mexeram, limparam suas lojas e começaram a arrumar as vitrines. Alguns construíram novas lojas e as abasteceram com novas linhas de produto. Como resultado, Norton desfrutou de uma enorme expansão do mercado, tendo a concorrência como força motriz.

A história não acaba aqui. Em uma fria noite de inverno, toda a zona comercial, inclusive a loja nova de Ike, pegou fogo. Pouco tempo antes, teria sido a morte do vilarejo. Mas o espírito de concorrência era tão forte que os empresários se apressaram em construir novas estruturas mais modernas. O vilarejo cresceu tão rápido que logo se tornou uma "vila" e prosperou até ser a cidade que é agora.

Ike Kauffman morreu, foi enterrado e esquecido por todos, exceto por alguns velhinhos que o viram transformar uma aldeia modorrenta em uma cidade moderna. Mas ele não deveria ser esquecido! Norton deveria erguer um monumento para "Ike Kauffman, o homem que nos ensinou a importância da concorrência limpa".

Você também pode tirar proveito disso se aprender a aceitar a concorrência como uma bênção, e não como uma maldição. Lembre-se de que é apenas ao compará-lo com os concorrentes que as pessoas que pagam por seus serviços – seu empregador ou seus clientes – podem medir o valor do seu desempenho e a sua qualificação.

AUTOANÁLISE AJUDA NA SUBIDA

Autoanálise crítica frequente é necessária para garantir que você se mantenha fiel aos princípios que podem levar ao auge do sucesso. Pode ser que fazer uma lista ajude a identificar os pontos fracos que estão atrapalhando.

Tente se comparar a uma pessoa imaginária a caminho do sucesso – vamos chamar essa pessoa de Joe Smith – e veja como você se sai. Joe tem um objetivo de vida definido e traçou um plano para atingi-lo em determinado espaço de tempo. Em resumo, ele deu o primeiro e mais importante passo para o sucesso. E você? Deu?

Cada vez que Joe se depara com um empecilho, em vez de desanimar, procura pelo benefício equivalente que todo mundo sempre pode encontrar para virar a situação a seu favor. Joe vive todos os dias com o ânimo e o entusiasmo que fazem do trabalho uma diversão. Ele evita se queixar – ficar discutindo seus problemas com os outros – porque sabe que o sucesso é criado pelo próprio sucesso.

ESFORÇO EXTRA

Joe faz um esforço extra constante, prestando mais e melhor serviço do que o esperado. Além disso, ele sabe que o sucesso pode ser obtido com mais facilidade em grupo do que sozinho. Ele se empenha com afinco na busca de alianças colaborativas nas quais a livre troca de ideias, talentos e energias tenha mais probabilidade de resultar nos objetivos desejados.

Joe se veste de maneira adequada. Organiza seus rendimentos e reserva uma parte para a poupança. Cuida da saúde, vivendo com moderação.

Acima de tudo, Joe mantém uma atitude mental positiva perpétua. A palavra "impossível" não faz parte de seu vocabulário.

CRENÇA NO PRIMEIRO PRINCÍPIO

Joe está convencido da verdade do primeiro princípio da Ciência do Sucesso: "Tudo que a mente humana pode conceber, a mente pode realizar". Joe se certifica de que todos os envolvidos em uma transação se beneficiem dela – não há vencedores ou perdedores.

Joe é leal. Evita rebaixar os outros porque comentários desse tipo são tão negativos para ele quanto para o alvo. Em vez disso, Joe se empenha em fazer elogios e louvores – sem bajulação – quando merecidos.

Os superiores e subordinados também admiram Joe Smith por tomar decisões rápidas e se responsabilizar por elas. Ele nunca empurra a responsabilidade nem para cima nem para baixo.

TODOS SÃO IRMÃOS

Joe é um cara bom de se ter por perto. Tem senso de humor, consideração pelos outros e é gentil com todo mundo. Nunca utiliza linguajar censurável. Enxerga a todos como seus irmãos.

Joe tenta melhorar constantemente. Ele sabe que bons livros, boas peças de teatro e boa arte podem ser apreciados com um pequeno gasto em livrarias, teatros e museus. O mais importante é que ele faz uso constante dessas coisas.

Joe é confiável e rápido. Sua palavra é sua garantia. Ele tem bom crédito porque sabe que débito excessivo é um peso que o puxaria para baixo durante a subida pela escada do sucesso.

Como você é em comparação a Joe?

APERTOS DE MÃO PODEM AJUDAR

Sua voz, seus olhos e suas mãos mostram aos outros o tipo de pessoa que você é. Seu aperto de mão pode convencer novos conhecidos de que você é alguém que vale a pena conhecer melhor.

Todo empresário de sucesso sabe o valor de um aperto de mãos apropriado. Com o gesto, ele transmite cordialidade, simpatia, entusiasmo e confiança. Você deve aprender a usar seu aperto de mão como um auxílio para causar boa impressão.

Nosso ritual de apertar as mãos ao sermos apresentados uns aos outros tem uma sólida base psicológica, social e espiritual. Com o gesto, exprimimos nossa afinidade com os demais humanos, nossa disposição a aceitá-los como iguais, nosso respeito e afeição por todos os homens.

O CLÍMAX DO RITUAL

Assim como qualquer outra forma de comunicação, o aperto de mãos deve ser praticado e usado com frequência para ser efetivo. Algumas pessoas têm um aperto de mão "natural", mas todas podem aprimorá-lo pela prática. Na verdade, o toque das mãos é o clímax – o ponto alto – do ritual de se cumprimentar alguém.

Aprenda a colocar um sorriso amigável nos olhos e também nos lábios ao ser apresentado para alguém – e as palavras se tornarão desnecessárias para dizer ao outro o quanto você está feliz por conhecê-lo. Aperte a mão da pessoa com firmeza – mas não de modo vigoroso ou enérgico. E evite de todas as formas sacudir as mãos, isso transforma um gesto de simpatia em caricatura.

A LIÇÃO DE ROOSEVELT

O presidente Theodore Roosevelt aprendeu uma lição em sua primeira recepção de Ano-Novo na Casa Branca.

Sua mão foi esmagada de tal maneira pelos sacudidores eufóricos de mãos que teve de mantê-la em repouso por uma semana! No Ano-Novo seguinte, ele usou um truque para reduzir o estrago. Toda vez que estendia a mão, Roosevelt dobrava dois dedos junto à palma, então só sobrava o primeiro e o segundo dedo para estragarem!

Certa vez um jovem advogado que tentava a absolvição de um cliente foi apresentado a Woodrow Wilson pelo senador J. Hamilton Lewis, de Illinois. O advogado, ansioso para agradar, apertou a mão de Wilson com tanta força que o presidente perdeu a calma, soltou a mão com um puxão e disse: "Você pode melhorar isso!". O jovem não conseguiu a absolvição desejada.

APERTO DE MÃOS COMO MARCA REGISTRADA

Você pode fazer do seu aperto de mão uma marca registrada – assim como o presidente Franklin Delano Roosevelt fez com seu truque de segurar a mão da outra pessoa entre suas duas mãos ou como seu sucessor, Harry Truman, com o maneirismo de cruzar os braços à frente do corpo para apertar as mãos de duas pessoas ao mesmo tempo.

Eleanor Roosevelt escreveu: "Deixe-me apertar as mãos de uma pessoa e ver a expressão em seu rosto – e então posso dizer muito sobre o caráter dela".

O aperto de mão pode parecer um detalhe irrelevante. Mas com ele um dia você pode agarrar a mão que o puxará para o ápice do sucesso.

SUPERE OS MEDOS PARA ATINGIR AS METAS

O medo é o maior obstáculo para o sucesso. Com excessiva frequência, as pessoas deixam o medo dominar suas decisões e ações. Tudo o que anseiam é algum tipo de proteção, sintetizada no vasto clichê da "segurança".

A pessoa verdadeiramente bem-sucedida não pensa dessa forma. Seu raciocínio é baseado na criatividade e na produtividade. Como disse o presidente Eisenhower: "Dá para se obter muita segurança dentro de uma cela na prisão, se isso é tudo que se quer da vida".

A pessoa de sucesso está disposta a correr riscos quando a lógica mostra que são necessários para atingir o objetivo desejado.

SOFRER DE MEDO

Todos nós sofremos de medo. O que é isso? O medo é uma emoção que visa proteger nossa vida, alertando para o perigo. Assim, o medo pode ser uma bênção quando acende o alerta que nos faz parar e estudar uma situação antes de tomar uma decisão ou agir.

Devemos controlar nosso medo em vez de permitir que ele nos controle. Uma vez que o medo tenha cumprido o papel emocional de sinal de alerta, não podemos permitir que entre no raciocínio lógico com o qual decidimos o curso de ação. As famosas palavras de Franklin Delano Roosevelt – "Não há nada a temer, a não ser o próprio medo" – são tão cabíveis agora e em qualquer momento quanto na época em que ele as proferiu, durante a Depressão.

A ESTRADA DA RAZÃO

Como você pode superar seus medos? Antes de tudo, encarando de frente – dizendo de modo consciente: "Estou com medo". E então se perguntando: "Do quê?".

Com essa pergunta você começa a analisar a situação que tem diante de si. Você está na estrada da razão para contornar o obstáculo emocional do medo.

O próximo passo é considerar o problema em todas as suas facetas. Quais são os riscos? A recompensa esperada vale a pena? Quais são os outros cursos de ação possíveis? Que outros problemas inesperados podem surgir? Você tem em mãos todos os dados, estatísticas e fatos? O que outras pessoas fizeram em situações parecidas e quais foram os resultados?

Quando terminar de analisar, aja – imediatamente! Procrastinação só leva a mais dúvida e mais medo.

A IMPORTÂNCIA DO PRIMEIRO PASSO

Um renomado psicólogo uma vez disse que uma mulher sozinha à noite, ao imaginar que está ouvindo algum barulho, pode acalmar seu medo rapidamente. Tudo que precisa fazer é colocar um pé no chão. Fazendo isso, ela dá o primeiro passo em um curso de ação positivo para superar o medo. A pessoa que busca o sucesso deve se forçar da mesma forma para controlar o medo, dando o primeiro passo rumo ao objetivo.

E lembre-se de que ninguém anda sozinho na estrada da vida. Uma das mais reconfortantes - e verdadeiras - certezas que temos está na Bíblia: "Não tema, pois estou com você". Manter a fé nessas palavras dará força suficiente para encarar qualquer situação.

MENTES ABERTAS DOMINAM O MEDO

Uma das melhores formas de superar o medo – o maior obstáculo para o sucesso – é perguntar sem rodeios para si mesmo: "De que estou com medo?". Muitas vezes descobrimos que estamos com medo de meras sombras.

Vamos examinar algumas das preocupações mais comuns e entender como esse sistema funciona.

- DOENÇA – O corpo humano é equipado com um engenhoso sistema automático de manutenção e reparo. Por que então se preocupar tanto com a possibilidade de que possa estragar? É melhor se maravilhar com o quão bem funciona, não obstante o tanto que exigimos dele.

- ENVELHECIMENTO – A melhor idade é algo que devemos ansiar, e não temer. Trocamos a juventude pela sabedoria. Lembre-se: nada é tirado de nós sem que nos seja disponibilizado em troca um benefício igual ou superior.
- FRACASSO – O fracasso momentâneo é uma bênção disfarçada, carregando consigo a semente de um benefício equivalente se nos empenharmos em entender sua causa e usarmos nosso conhecimento para melhorar nossos esforços na próxima tentativa.
- MORTE – Reconheça que essa é uma parte necessária do plano do universo, provida pelo Criador como uma passagem para o plano superior da eternidade.
- CRÍTICAS – No fim das contas, você deveria ser seu crítico mais duro. O que então você pode temer nas críticas dos outros? E críticas devem incluir sugestões construtivas que ajudem a melhorar.

O RELÂMPAGO JÁ FOI TEMIDO

O medo resulta principalmente da ignorância. O homem

teve medo dos relâmpagos até Franklin, Edison e alguns outros indivíduos importantes que ousaram controlar suas próprias mentes provarem que os raios são uma forma de energia física que poderia ser aplicada em benefício da humanidade.

Podemos dominar o medo com facilidade se abrirmos nossa mente à orientação da inteligência divina por meio da fé. Olhando em volta, na natureza, descobrimos um plano universal sábio e benevolente que provê todas as criaturas de alimento e demais necessidades básicas da existência. Quais as chances então de o homem – escolhido como o senhor de todas as outras espécies da Terra – ser negligenciado?

A DOR FAZ PARTE DO PLANO

Mesmo a dor física, que muitos temem sem motivo, tem um papel no plano, já que é a linguagem universal pela qual as pessoas com menos conhecimento sabem que estão ameaçadas por algum ferimento ou doença.

À luz disso, que direito temos de nos dirigir ao Criador com preces por questões banais que podemos e devemos resolver sozinhos? Como ousamos, se essas preces não são ouvidas, perder a pouca fé que talvez tivéssemos?

O maior pecador talvez seja aquele que perde a fé no Criador onisciente que proveu seus filhos com mais bênçãos que qualquer pai poderia dar a seus descendentes.

SUA MENTE TEM PODERES OCULTOS

Presos dentro da mente humana, existem poderes além da compreensão. A imaginação é a chave que pode libertá-los para que trabalhem para o indivíduo e para a humanidade. Poucos entre muitos milhões de homens ao longo dos tempos reconheceram esse fato e usaram-no a favor de seu destino.

A imaginação é o portal que nos aproxima da Inteligência Infinita do Criador. Esse portal é aberto pelo estado mental que chamamos de fé. É nesse estado mental que a esperança e o propósito se traduzem em realidade física. É fato que todo pensamento tende a se transformar em seu equivalente físico.

A fé abastece a imaginação com a estimulante

capacidade do desejo e do entusiasmo, que possibilitam que os planos e propósitos de uma pessoa sejam colocados em prática. Por meio da fé em si mesmo, qualquer indivíduo pode atingir o objetivo que desejar.

FÉ EM SI MESMO

Perguntaram uma vez a Henry Ford que tipo de homem ele mais precisava em sua empresa. "Eu poderia aproveitar cem homens que não saibam que a palavra 'impossível' existe", ele respondeu.

Dizem que o sucesso estupendo dos negócios de Ford é resultado de dois traços pessoais: (1) ele definiu um objetivo principal de vida e (2) não reconheceu nenhuma limitação para atingi-lo.

A imaginação é a oficina da alma, pela qual todos os homens podem moldar seu destino na Terra. A verdade é que tudo que a mente humana pode conceber, a mente pode realizar.

Enquanto trabalhava como atendente de uma mercearia, Clarence Saunders teve a ideia de uma mercearia *self-service*. Ele estava certo de que o plano daria certo e propôs uma parceria com seu chefe. Este, desprovido da imaginação de Saunders, demitiu-o na mesma hora por "perder tempo com ideias tolas". Quatro anos depois, Saunders abriu suas famosas lojas Piggly Wiggly, que renderam a ele mais de US$ 4 milhões.

SUA IMAGINAÇÃO

Andrew Carnegie, o primeiro a me incentivar a desenvolver a Ciência do Sucesso, sempre dizia: "Você consegue fazer, se acreditar que consegue". Mas também é preciso força de vontade. Às vezes, em uma quantidade que equivale a pura teimosia.

Se você der uma chance, sua imaginação vai ajudá-lo a atingir o sucesso. Mas, uma vez que ela tenha cumprido seu papel, você pode aplicar sozinho sua fé e força de vontade para realizar seus sonhos.

Não cometa o erro de roer a casca do medo e jogar fora a rica polpa da fartura. Pergunte-se: "Do que estou com medo?". A resposta provavelmente será: "De nada".

ENCONTRE A FELICIDADE AJUDANDO O PRÓXIMO

O homem mais rico do mundo mora no Vale da Felicidade. Ele é rico em valores sólidos, em coisas que não pode perder – coisas que proporcionam satisfação, saúde, paz mental e harmonia na alma. Aqui está um inventário de suas riquezas e de como as adquiriu:

- Encontrei a felicidade ajudando os outros a encontrá-la.
- Encontrei a saúde vivendo com moderação e comendo apenas o que meu corpo pede para se manter.
- Sou livre de todas as causas e efeitos do medo e da preocupação.

- Não odeio ninguém, não invejo ninguém, amo e respeito toda a humanidade.
- Dedico-me a um trabalho de amor ao qual combino uma dose generosa de diversão; portanto, nunca me canso.
- Rezo todos os dias, não por mais riquezas, mas por mais sabedoria para reconhecer, acolher e aproveitar a grande quantidade de riquezas que já tenho.
- Não menciono nenhum nome, exceto para honrá-lo, e não difamo ninguém por qualquer motivo que seja.
- Não peço nada a ninguém, a não ser o privilégio de dividir minhas bênçãos com todos que as desejarem.
- Estou com a consciência tranquila, desse modo ela me guia bem em tudo que faço.
- Não tenho inimigos porque não prejudico ninguém. Em vez disso, tento ajudar a todos com que entro em contato.
- Tenho mais riqueza material do que preciso porque estou livre da ganância e cobiço apenas as coisas que

posso usar de forma construtiva em minha vida. Minha riqueza provém daqueles que ajudei compartilhando minhas bênçãos.

- Minha propriedade no Vale da Felicidade não pode ser taxada. Ela existe basicamente em minha mente, constituindo-se de riquezas intangíveis que não podem ser tributadas nem adquiridas a não ser pelos que adotam meu estilo de vida. Criei essa propriedade ao longo de uma vida de esforços, observando as leis da natureza e moldando os meus hábitos de acordo com essas leis.

Não existem direitos autorais sobre o credo do sucesso do homem do Vale da Felicidade. Se você adotar esse credo e viver de acordo, pode fazer a vida recompensá-lo nos termos que desejar.

Esse credo pode atrair novos amigos mais desejáveis e desarmar os inimigos. Pode ajudá-lo a ocupar um espaço maior no mundo e a obter mais alegria da vida.

POSSIBILIDADE DE PROSPERIDADE

O credo do sucesso do homem do Vale da Felicidade pode trazer prosperidade no trabalho e tornar sua casa um paraíso de satisfação para todos os membros da família. Pode acrescentar anos de vida e libertar do medo e da ansiedade. Pode colocá-lo sob o "holofote do sucesso" e mantê-lo lá.

Mas, acima de tudo, o credo do sucesso do homem do Vale da Felicidade pode trazer sabedoria para resolver todos os problemas pessoais – antes que surjam – e proporcionar paz e alegria.

QUANDO O SILÊNCIO SUPERA A FALA

Todos concordam que a habilidade de falar de maneira franca pode ajudar uma pessoa a ter sucesso. Homens como Billy Graham, Franklin Roosevelt e Winston Churchill foram impulsionados pela capacidade de envolver grandes massas com a oratória.

Mas existe um momento em que o silêncio estudado é igualmente importante. O segredo é ser um bom ouvinte. Em nenhum lugar essa verdade é mais forte do que no ramo de vendas.

Um dos melhores vendedores de apólices de seguro do país nunca se propõe a realizar uma apresentação antes de fazer o comprador potencial responder algumas perguntas:

- Se você morresse hoje, teria acumulado dinheiro suficiente para manter sua família da forma que deseja?
- Seus bens são do tipo que sua família não poderia perder para pessoas desonestas?
- Qual o valor do seguro que você tem?
- Quantos filhos você tem e quais as idades deles?

Mediante o manejo diplomático das respostas para as quatro perguntas, esse vendedor experiente sabe quando assumir o comando e começar a falar. E o mais importante: sabe exatamente o que dizer para realizar a venda.

Todos os mestres em vendas usam esse método de perguntas para se munir de elementos eficazes para refutar as argumentações dos clientes potenciais. Como resultado, o comprador potencial geralmente se coloca em uma posição indefensável, em que sua resistência está fadada a fracassar. Às vezes, o próprio cliente se convence de fazer a compra.

PERGUNTAS CERTEIRAS

Uma vendedora de muito sucesso construiu uma

lucrativa organização "qualificando" pessoas por telefone como clientes potenciais de imóveis, ações e títulos, seguros e uma ampla variedade de outros serviços e produtos. A vendedora começa com perguntas que em geral só podem ser respondidas do jeito que ela gostaria que fossem.

Por exemplo, ao vender ações e títulos, ela começa assim: "Senhor Empresário, você estaria interessado em descobrir como ganhar dinheiro sem ter que trabalhar?". Visto que qualquer pessoa gostaria disso, a resposta normalmente é "sim". A próxima pergunta é: "Que quantia você gostaria de ganhar sem ter que trabalhar?". Dada a resposta, o cliente potencial é informado de que um vendedor irá vê-lo para explicar como o dinheiro pode ser obtido.

Essa mulher esperta já selecionou até mesmo vendedores como clientes potenciais para alguns produtos, telefonando para as esposas e perguntando: "Senhora Dona de Casa, você estaria interessada em descobrir como seu marido pode aumentar a renda para ter uma casa melhor, um carro novo, um casaco de pele e dinheiro para viajar para onde quiser?". A esposa fica tão empolgada que é fácil marcar um encontro, por meio dela, para entrevistar o marido.

Sócrates, um dos maiores pensadores da história, usou o método de fazer perguntas para difundir suas ideias. Platão e outros filósofos também.

Induza o outro a falar livremente e você saberá o que dizer – e como dizer – quando for a sua vez de falar.

COMO APAGAR O HOLOFOTE DO FRACASSO

Costuma-se dizer que os ricos ficam cada vez mais ricos e os pobres cada vez mais pobres. Meus estudos sobre os princípios que tornam algumas pessoas imediatamente bem-sucedidas e outras completos fracassos comprovam isso.

A Bíblia afirma, na mesma linha: "A quem tem será dado, e este terá em grande quantidade. De quem não tem até o que tem lhe será tirado" (Mateus 13:12).

Também é fato que os bens existem para ser usados, não acumulados. O que quer que tenhamos devemos usar, ou perderemos.

ETERNA MUDANÇA

Também é estranho o fato de que só existe uma única coisa permanente neste universo – a eterna mudança. Nada permanece exatamente igual nem por um segundo. Até mesmo o corpo físico em que vivemos muda por completo em uma velocidade impressionante.

Você pode testar essas afirmações com suas próprias experiências. Quando uma pessoa enfrenta dificuldades para atingir o reconhecimento e ganhar um pouco mais de dinheiro, raramente aparece alguém para dar o empurrão necessário. Mas, quando ela se dá bem – e não precisa mais de ajuda –, as pessoas fazem fila para oferecer auxílio.

Pelo que chamo de lei da atração, semelhante atrai semelhante em todas as circunstâncias. Sucesso atrai mais sucesso. Fracasso atrai mais fracasso.

Ao longo da vida, somos beneficiários ou vítimas de uma correnteza veloz que nos carrega em frente, rumo ao sucesso ou ao fracasso. A ideia é ficar sob o "holofote do sucesso" em vez do "holofote do fracasso".

Como fazer isso? Simples. A resposta está em adotar uma atitude mental positiva que ajudará a moldar o próprio destino em vez de ficar à deriva, à mercê das adversidades da vida.

O PODER DE PENSAR

Sua mente foi dotada do poder de pensar, aspirar, ter esperança, direcionar sua vida para qualquer objetivo buscado. Essa é a única coisa sobre a qual temos o privilégio do controle absoluto e incontestado.

Mas lembre-se: devemos adotar essa prerrogativa – e usá-la – ou sofrer penalidades severas. A verdade é que o que quer que tenhamos – seja material, seja mental, seja espiritual – devemos usar, ou perderemos.

Primeiro, defina com clareza para si mesmo a posição que deseja atingir na vida. E então diga a si mesmo: "Posso fazer... Posso fazer isso agora".

Liste os passos que precisa dar para atingir seu objetivo. Dê um passo de cada vez e descobrirá, a cada pedacinho de sucesso, que o passo seguinte vai ficar cada vez mais fácil e que mais pessoas se aproximarão para ajudá-lo a atingir o objetivo.

Lembre-se de que você não pode ficar parado. Você deve subir em frente, rumo ao sucesso – ou despencar rumo ao fracasso.

A escolha é só sua.

SERVIR AOS OUTROS AJUDA VOCÊ

Um dos meios mais garantidos de atingir o sucesso na vida é ajudar as pessoas a chegar ao sucesso. Quase todos podem dar dinheiro aos menos afortunados. Mas a pessoa realmente rica é aquela que pode se doar, oferecer seu tempo e energia em benefício dos outros. Ao fazer isso, ela enriquece além do que possa imaginar.

John Wanamaker, o rei do comércio da Filadélfia, disse que o hábito mais lucrativo que existe é "prestar um serviço útil onde não é esperado". Edward Bok, o grande editor do *Ladies' Home Journal*, disse ter saído da pobreza para a riqueza por meio da prática de "ser útil aos outros, sem interessar o que recebesse em troca".

É preciso esforço consciente para doar tempo e

energia aos outros. Você não pode simplesmente falar: "Tudo bem, estou disposto a ajudar quem precisar de mim". Você precisa desenvolver um projeto criativo para prestar serviço aos outros.

MOEDAS FAZEM AMIGOS

Talvez alguns exemplos práticos o ajudem a pensar em formas de fazer amigos ajudando ao próximo. Um comerciante de uma cidade do Oeste construiu um negócio bem-sucedido mediante um processo muito simples. A cada hora, um de seus empregados dá uma olhada nos parquímetros perto da loja. Sempre que o empregado vê um aviso de "expirado", coloca uma moeda na máquina e deixa um bilhete no carro avisando que o comerciante ficou feliz por proteger o dono do veículo do inconveniente de uma multa. Muitos motoristas entram na loja para agradecer ao comerciante – e ficam para comprar.

O dono de uma grande loja masculina de Boston coloca um belo cartão impresso no bolso de cada terno que vende. O cartão informa que, se o cliente ficar satisfeito com o terno, pode voltar à loja depois de seis meses e trocar o cartão por qualquer gravata de sua escolha. Naturalmente o cliente sempre volta satisfeito com o terno – e potencialmente pronto para uma nova compra.

A mulher mais bem paga do Bankers Trust Co. de Nova York começou a carreira se oferecendo para trabalhar de graça por três meses para demonstrar suas habilidades executivas.

Butler Stork deu tanto de si enquanto cumpria pena na Penitenciária Estadual de Ohio que foi solto sem cumprir a sentença de vinte anos por falsificação. Stork organizou uma escola por correspondência que proporcionou cursos variados a mais de mil detentos sem custos para eles ou para o governo. Stork inclusive convenceu a International Correspondence School a doar livros. O projeto rendeu-lhe a liberdade como recompensa.

Ponha sua mente a trabalhar. Avalie suas habilidades e energia. Quem precisa de ajuda? Como você pode ajudar? Não é preciso dinheiro. É preciso criatividade e um forte desejo de ajudar de verdade. Ajudar outros a resolver os problemas deles ajudará você a resolver os seus.

EVITE AS ARMADILHAS DO FRACASSO

Qualquer um que aspire ao sucesso na vida deve reconhecer as causas do fracasso. Se não, como pode evitar as armadilhas? Nas minhas pesquisas sobre as relações humanas, descobri pelo menos trinta grandes causas de fracasso, mas a avó de todas elas é a falta de habilidade para conviver em harmonia com os outros.

Um grande empresário – um dos mais ricos de sua época – uma vez me disse que tinha uma escala de cinco pontos para escolher aqueles que promovia aos cargos executivos mais altos. Aqui está ela:

- Capacidade de boa convivência com os outros.
- Lealdade àqueles a quem se deve lealdade.

- Confiabilidade em todas as circunstâncias.
- Paciência em todas as situações.
- Aptidão para fazer um trabalho bem feito.

É notável que a aptidão para o trabalho apareça em último lugar. Acontece que, quanto maior a aptidão de uma pessoa para uma tarefa, mais condenável é a falta das outras quatro características.

Charles M. Schwab foi promovido por Andrew Carnegie de um cargo sem qualificação a um que pagava US$ 75 mil por ano. Além disso, Carnegie dava a Schwab um bônus que às vezes chegava a US$ 1 milhão por ano. Carnegie dizia que o salário era pelo serviço que Schwab prestava, e o bônus era pelo que ele inspirava os outros funcionários a fazer.

REGRAS PARA CONVIVER BEM

A capacidade de inspirar os outros é um cheque em branco do Banco da Vida que você pode preencher com a quantia que quiser. Se você carece dessa habilidade, existem alguns passos que pode dar para adquiri-la.

Como? Adotando e seguindo estas regras:

- Trate de, pelo menos uma vez por dia, dizer algo gentil ou prestar algum serviço útil não esperado.
- Module a voz para transmitir uma sensação de cordialidade e amizade àqueles com quem fala.
- Direcione a conversa para assuntos do interesse dos ouvintes. Fale "com" eles, e não "para" eles. Considere a pessoa com quem está conversando a mais interessante do mundo, pelo menos naquele momento.
- Suavize sua expressão sorrindo com frequência enquanto fala.
- Nunca, em circunstância alguma, profira blasfêmias ou obscenidades.
- Guarde suas visões religiosas e políticas para você.
- Nunca peça um favor a alguém que você não ajudou antes em algum momento.
- Seja um bom ouvinte. Inspire os outros a falar livremente sobre assuntos que lhes interessam.

- Nunca fale mal dos outros. Não fique reclamando. Lembre-se de que trinta gramas de otimismo equivalem a uma tonelada de pessimismo.
- Encerre cada dia com esta oração: "Não peço mais bênçãos, mas mais sabedoria para fazer melhor uso das bênçãos que já tenho. E me dê, por favor, maior compreensão, para que eu possa ocupar mais espaço no coração dos meus companheiros ajudando amanhã mais do que ajudei hoje".

ACREDITAR TRAZ UM ENORME PODER

Você tem sob seu comando o maior poder do universo – sua capacidade de acreditar. Na verdade, esse é o único poder sobre o qual você tem o completo e irrevogável privilégio de controlar e direcionar para propósitos de sua escolha.

As pessoas mais bem-sucedidas do mundo são aquelas que reconhecem e utilizam a sua capacidade de acreditar. Elas acreditam no poder da Inteligência Infinita. Acreditam no seu direito de recorrer a esse poder e direcioná-lo para os fins de sua escolha. Elas sabem que, acreditando, todas as coisas são possíveis. A palavra "impossível" não existe para elas.

Mas o poder de acreditar não é ligado e desligado

como uma corrente elétrica. Tem que ser nutrido e fortalecido pelo uso diário. Mais adiante será descrito em detalhes um credo diário que você pode adotar para ajudar a desenvolver o seu poder de acreditar. De momento vamos examinar como um homem atingiu tremendo sucesso por meio do poder da crença.

CONVENCER-SE A TER SUCESSO

Edwin C. Barnes definiu uma meta aparentemente impossível como objetivo principal de vida. Decidiu que seria sócio do grande Thomas A. Edison! Ao começar do zero – sem nada para auxiliá-lo além de sua capacidade de acreditar –, ele literalmente "se convenceu" de um plano para atingir a meta.

Todos os dias, Barnes fazia um discurso para si mesmo enquanto se olhava no espelho. O discurso era em voz alta. Era firme. Barnes proferia o discurso com o maior entusiasmo que conseguia. "Sr. Edison", dizia Barnes, "você vai me aceitar como sócio, e serei tão útil que a recompensa me deixará rico."

SATURAR O CÉREBRO

Barnes literalmente saturou seu cérebro com a crença inabalável de que seria sócio de Edison. Assim, quando apresentou a proposta, seu entusiasmo era tão ilimitado que Edison entrou no clima e deu a ele uma chance – não como sócio, mas como vendedor de um ditafone.

Barnes podia ter deixado a decepção liquidá-lo. Mas não deixou. Em vez disso, agarrou a oportunidade oferecida. Barnes simplesmente desviou a crença entusiasmada em si mesmo para a tarefa a ser desempenhada. No fim das contas, teve tanto sucesso como vendedor que Edison foi forçado a aceitá-lo como sócio para a distribuição nacional da máquina.

Isso aconteceu pouco antes de o slogan "Feito por Edison, vendido por Barnes" ficar conhecido por todos. A sociedade deixou Barnes multimilionário. O segredo de seu sucesso foi simples: "Definição de objetivo expressada com entusiasmo e crença constante".

O texto a seguir vai ensiná-lo a desenvolver essas qualidades para atingir sua meta de vida.

ACREDITAR EM SI É VITAL

O sucesso é atingido por aqueles que estão totalmente imbuídos da crença de que podem atingi-lo. Esses indivíduos estão convencidos de um fato: "Tudo que minha mente pode conceber e acreditar, minha mente pode alcançar!". São pessoas que se dedicam a desenvolver a crença em si mesmas e em sua capacidade de realizar qualquer objetivo que definam.

Você pode fazer o mesmo que Edwin C. Barnes fez quando condicionou sua mente a um único objetivo – tornar-se sócio do grande inventor Thomas A. Edison. Barnes desenvolveu seu tremendo poder de acreditar mediante a repetição diária de um credo posteriormente publicado em um *best-seller*. O mesmo credo foi enaltecido por ajudar homens e mulheres ao redor do mundo a atingir prosperidade e paz mental que antes consideravam impossíveis.

OS MAIORES DESEJOS

Repetir esse credo para si mesmo pelo menos uma vez por dia vai ajudá-lo a realizar seus maiores desejos. Aqui está:

- Eu direcionarei minha mente para a prosperidade e o sucesso, mantendo meus pensamentos voltados o máximo possível para meu objetivo principal.
- Eu libertarei minha mente de limites autoimpostos, recorrendo ao poder da Inteligência Infinita por meio da fé ilimitada.
- Eu manterei minha mente livre da ganância e da cobiça dividindo minhas bênçãos com quem merecer recebê-las.
- Eu substituirei a autossatisfação indolente por um tipo positivo de descontentamento a fim de poder continuar a aprender e crescer tanto física quanto espiritualmente.

- Eu manterei minha mente aberta em relação a todos os assuntos e todas as pessoas para poder superar a intolerância.
- Eu procurarei o que há de bom nos outros e treinarei para lidar com seus defeitos de modo gentil.
- Eu evitarei sentir pena de mim mesmo. Sob qualquer circunstância, eu buscarei estímulos para um esforço maior.
- Eu reconhecerei e respeitarei as diferenças entre os bens materiais de que preciso e os que desejo e meu direito de recebê-los.
- Eu cultivarei o hábito de fazer um esforço extra – prestando sempre mais e melhor serviço do que o esperado.
- Eu transformarei adversidades e derrotas em incentivos, lembrando sempre que elas carregam consigo a semente de benefícios equivalentes.
- Eu me comportarei com os outros de forma a nunca me envergonhar de encarar o homem que vejo no espelho todos os dias.

- Por fim, minha prece diária será por sabedoria, para reconhecer e viver minha vida em harmonia com os planos do Criador.

A repetição diária vai impregnar esse credo em seu subconsciente, tornando-o parte de seu caráter. Por meio desse credo, você vai desenvolver atributos que vão ajudá-lo a ter uma personalidade agradável – o próximo tópico de nossa discussão.

MUITA COISA DEPENDE DA PERSONALIDADE

Toda bênção material ou espiritual de que você precisar ou quiser é sua – se você aprender a viver em harmonia com seus semelhantes! Uma personalidade agradável é a melhor característica que você pode ter. É a chave que vai abrir portas para amizades. Pode desarmar inimigos e trazê-los para o seu lado.

Muita gente acredita que é preciso nascer com uma personalidade agradável. Dizem que você tem ou não tem. Mas não é assim. Uma personalidade agradável pode ser desenvolvida mediante esforço consciente para adquirir os traços de caráter, as boas maneiras e o cuidado com o próximo que nos tornam espiritualmente atrativos para os outros.

Vamos examinar esses traços em mais detalhes nas páginas a seguir. Mas antes, talvez seja bom você avaliar sua personalidade atual para descobrir se você é uma pessoa com quem gostaria de manter contato diário. Talvez a melhor forma de fazer isso seja definindo parâmetros baseados nas características de personalidade que todos nós concordamos que sejam as mais condenáveis.

OS PARÂMETROS

Listei dezessete quesitos de uma personalidade agradável aqui. Pode ser bom você ser avaliado também pela pessoa que o conhece melhor.

- Você cuida para que as conversas sejam bilaterais, que a outra pessoa tenha chances de falar e que você não monopolize o diálogo e o transforme em um monólogo?
- Ao conversar, você coloca muita ênfase em si mesmo e nos seus interesses?
- Você se revela uma pessoa egoísta em palavras ou ações?

- Você se compraz com sarcasmo e insinuações depreciativas sobre os outros?
- Você exagera, revelando uma imaginação incontrolável?
- Você é vaidoso? Você é chegado em autoelogio, real ou implícito, esquecendo que os atos – e não as palavras – são os únicos meios de elevação?
- Você é indiferente às outras pessoas e seus interesses? Lembre: a pessoa mais importante do mundo é sempre aquela com quem você está falando no momento.
- Você tenta diminuir as virtudes e capacidades dos outros?
- Você pratica bajulação para obter favores?
- Você tenta falar em termos difíceis só para dar uma impressão esnobe de superioridade?
- Você escorrega para a insinceridade (em forma de bajulação) na tentativa fajuta de agradar?
- Você é chegado em fofoca ou outras formas de difamação?

- Você é desleixado no vestir, na postura ou na forma de falar? Você pragueja, usa obscenidades ou blasfêmias, ou deixa a linguagem vulgar enfraquecer o impacto dos seus argumentos?
- Você tenta chamar a atenção desnecessariamente, em especial quando outra pessoa é o centro das atenções?
- Você percorre desnecessariamente os terrenos perigosos de conversação que envolvem assuntos controversos como raça, religião e política quando eles obviamente não cabem?
- Você arranja discussões só pelo prazer de discutir?
- Você chateia ou deprime seus ouvintes com queixume constante, falando de suas doenças, infortúnios e fortes aversões pessoais?

Ao admitir suas falhas nessa lista com sinceridade – e se comprometer a corrigi-las –, você dará um grande passo na direção de uma personalidade agradável. Se fizer isso, ficará pronto para as etapas dos próximos textos, que ensinarão métodos positivos de atrair amigos que possam ajudar a atingir qualquer objetivo desejado.

COMO DESENVOLVER FLEXIBILIDADE

Indivíduos normais querem que os outros gostem deles. Querem a aprovação e a amizade dos outros. Mais do que isso, sabem que, se não conseguirem a cooperação de seus associados, será difícil obter sucesso na vida.

A característica número um de uma personalidade agradável é a flexibilidade. Consiste na capacidade de afrouxar mental e fisicamente, de se adaptar a qualquer circunstância ou ambiente sem perder o autocontrole e a compostura.

Mas isso não significa ser manipulável. Você não precisa se submeter aos caprichos e artimanhas dos outros para ter uma mentalidade flexível. Quase ninguém gosta de um *maria vai com as outras*.

CAPACIDADE DE AVALIAÇÃO

A melhor descrição de flexibilidade talvez seja a capacidade de inspecionar e avaliar uma dada situação com rapidez e reagir baseado na lógica e na razão, com um mínimo de emoção. Ao desenvolver a flexibilidade, você fica preparado para agir prontamente ao agarrar oportunidades – ou resolver problemas. A flexibilidade pode ajudar a torná-lo uma pessoa decidida.

O fantástico sucesso de Henry J. Kaiser em uma enorme variedade de empreendimentos se deve em grande parte à atitude mental flexível, que permite a ele enfrentar um fluxo interminável de problemas sem perder o equilíbrio.

A flexibilidade também ajudou Arthur Nash, um vendedor de roupas por catálogo de Cincinnati, a se ajustar rapidamente à situação quando seu negócio faliu. Ele se tornou sócio de todos os empregados em um esquema de participação nos lucros e salário – e reconstruiu a firma como uma das mais rentáveis do ramo.

Às vezes, a flexibilidade dos outros pode ajudar. Por

exemplo, Henry Ford tendia a ser brusco e impaciente com os funcionários e associados. Entretanto, a diplomacia flexível da esposa, Clara, o influenciou a ser mais tolerante e o poupou de muitas dificuldades.

QUATRO TRAÇOS

O diretor do grande Bank of America na Costa Oeste certa vez disse: "Quando contratamos pessoas, nós as classificamos por quatro traços – lealdade, confiabilidade, flexibilidade e capacidade de fazer um bom trabalho".

Senso de humor é um importante elemento ligado à flexibilidade. Abraham Lincoln muitas vezes tinha que recorrer ao bom humor natural para manter seus ministros temperamentais sob controle em momentos de crise.

A humildade – que é diferente de submissão, como no caso de Urias – também é necessária. De que outra forma você pode chegar ao elevado grau de flexibilidade necessário para dizer as palavras "eu estava errado" – como todos precisamos dizer algum dia?

A falta de flexibilidade custou ao presidente Woodrow

Wilson a aprovação de seu querido projeto da Liga das Nações pelo Senado – e partiu seu coração. Se tivesse engolido o orgulho e convidado o senador Lodge – o principal opositor da Liga – para uma conferência na Casa Branca, talvez tivesse obtido a sanção do Senado.

Flexibilidade é uma qualidade que ameniza a pobreza e engrandece a riqueza por ajudar a ser grato pelas bênçãos e não se abalar com as adversidades. A flexibilidade pode ajudar você também a fazer bom uso de todas as suas experiências, sejam elas agradáveis, sejam desagradáveis.

TENHA ENTUSIASMO E ATINJA OBJETIVOS

Ralph Waldo Emerson uma vez disse: "Sem entusiasmo nunca se realizou nada de grandioso". E a repetição frequente não maculou a verdade do velho ditado: "Nada é tão contagiante quanto entusiasmo".

Entusiasmo é a "onda de rádio" pela qual você transmite sua personalidade aos outros. É mais poderoso do que a lógica, a razão ou a retórica para difundir suas ideias e convencer os outros de seu ponto de vista.

Um gerente de vendas bem-sucedido diz que o entusiasmo é a qualidade mais importante do bom vendedor – desde que sincero e franco. "Quando apertar a mão de alguém, adicione algo mais para fazer a outra pessoa sentir que você está genuinamente feliz por vê-la", diz ele.

EVITE O ENTUSIASMO FAJUTO

É necessária uma palavra de advertência. Nada soa tão falso quanto entusiasmo de araque – a exibição excessiva de animação que traz em si o selo de falsidade.

Um exemplo de como o entusiasmo pode levar ao auge do sucesso é a carreira de Jennings Randolph. Depois de se formar na Faculdade de Salem, na Virgínia Ocidental, Randolph se envolveu em política e lançou uma campanha tão forte que foi eleito, vencendo de lavada um oponente mais velho e experiente.

O sucesso de Randolph em influenciar os colegas parlamentares levou o presidente Franklin D. Roosevelt a escolhê-lo para orientar a legislação do período de guerra no Senado. Em uma pesquisa de popularidade feita por um grupo de profissionais de Washington, Roosevelt e Randolph foram eleitos as personalidades mais cativantes do governo na época – mas Randolph ficou à frente do presidente pela capacidade de influenciar os outros com seu entusiasmo ilimitado.

Depois de quatorze anos no Congresso, Randolph

aceitou uma das várias ofertas de trabalho que recebeu da indústria privada. Tornou-se assistente do presidente da Capital Airlines enquanto a companhia operava no vermelho e, com sua energia inigualável, ajudou a empresa a chegar ao primeiro lugar do mercado de transporte aéreo em dois anos.

Falando sobre a personalidade agradável de Randolph, o presidente da Capital Airlines declarou recentemente: "Ele mais do que merece o salário que ganha, não só pelo trabalho que faz, mas também, mais especificamente, pelo entusiasmo que inspira nos outros membros da empresa".

"VENDA" PRIMEIRO A SI MESMO

Ninguém nasce entusiasmado. É uma qualidade que se adquire. Você também pode adquiri-la.

Lembre-se de que, em quase todos os contatos com outras pessoas, você está tentando de alguma forma vender algo. Isso é verdade em todos os relacionamentos, exceto nos triviais.

Primeiro, convença a si mesmo do valor da sua ideia, do seu produto, do seu serviço – ou do seu próprio valor. Examine criticamente. Encontre as falhas do que você está tentando vender – e as elimine ou corrija. Fique totalmente convencido da retidão do seu produto ou ideia. Armado dessa convicção, cultive o hábito de pensar de modo positivo, com força e energia, e você vai notar que o entusiasmo se desenvolve sozinho – com a nota autoritária da sinceridade verdadeira que ajudará a projetá-lo para os outros.

O texto a seguir ensinará como sua voz pode ajudá-lo a atingir o sucesso.

A VOZ, UMA CHAVE DA PERSONALIDADE

A voz e a maneira de falar podem ajudar a obter sucesso na vida. Os vendedores, políticos, advogados, clérigos e educadores mais bem-sucedidos são aqueles que aprenderam a arte de colocar no tom de voz "alguma coisa" que projeta sua personalidade e entusiasmo pelo assunto.

William Jennings Bryan, convidado a falar por 45 minutos no tabernáculo mórmon em Salt Lake City, manteve o público fascinado por duas horas e quinze minutos – e os ouvintes aplaudiram pedindo mais! "Duvido que uma dúzia de pessoas conseguisse informar qual a essência do discurso dele no dia seguinte", disse o líder da igreja mórmon. "Foi a voz dele que conquistou a plateia."

INSTRUMENTO MARAVILHOSO

A voz humana é um instrumento maravilhoso, com o qual um orador treinado pode dar muito mais ênfase e apelo emocional às palavras do que o simples significado transmite. Em seu melhor uso, a voz pode ter o mesmo grau de impacto de uma música bem tocada.

Todo mundo pode desenvolver um tom de voz forte e positivo com a prática. A maioria das escolas públicas oferece aulas de oratória para adultos a preço baixo, e nelas você pode obter ajuda profissional se necessário.

É lamentável que poucas pessoas realmente saibam como sua voz soa para os outros. A proximidade dos ouvidos e dos órgãos vocais distorce o som. Por isso, vale a pena gravar sua voz e ouvir. Também é útil pedir a seu amigo mais próximo críticas construtivas sobre o tom, volume e grau de sinceridade e entusiasmo de sua voz.

Pratique para exprimir suas ideias com clareza e confiança. Seja extrovertido. Declame para si mesmo na frente do espelho. Ler poemas ou outro tipo de literatura em voz alta também é útil. Coloque drama, animação e entusiasmo em sua voz ao ler para seus filhos na hora de dormir – e observe eles se empolgarem com interesse renovado!

A voz, assim como os olhos, é uma janela da alma. É um dos elementos pelos quais as pessoas julgam você. E, por outro lado, você também pode aprender a analisar os outros por suas vozes.

Quase todo advogado de tribunal experiente consegue identificar a mentira de uma testemunha pela hesitação e fraqueza da voz. Uma tempestade de palavras descontroladas revela o falastrão e o valentão. O médico experiente identifica um hipocondríaco pelo choramingo com que busca simpatia. Se você encarar isso como um jogo, logo conseguirá descobrir mais dos outros – por suas vozes – do que eles pretendem mostrar.

Lembre-se: as pessoas que você conhece ao longo do caminho para o sucesso registram a primeira impressão por sua voz e sua aparência. Vamos falar sobre esse segundo ponto no texto a seguir.

BOA ARRUMAÇÃO PAGA DIVIDENDOS

Nada faz tanto sucesso quanto o sucesso – e o sucesso geralmente é atraído pelas pessoas que parecem e agem como se fossem um sucesso. Durante minha vida de estudos para determinar por que algumas pessoas alcançam imensa riqueza e fama enquanto outras são fracassos deprimentes, não encontrei verdade maior do que esta: "O sucesso não precisa de desculpas, o fracasso não permite álibis".

Certo ou errado, a natureza humana é tal que a primeira impressão geralmente é a que fica. Mais importante ainda: a primeira impressão pode ser a única que tenhamos a chance de causar. Portanto, tem que ser boa!

AUTOCRÍTICA EXIGIDA

Qualquer pessoa capaz de ler este texto com certeza tem conhecimento das regras básicas de higiene pessoal. Mas a luta pelo sucesso exige um nível muito mais alto e muito mais crítico de arrumação, com atenção especial a detalhes que, do contrário, são negligenciados.

Por exemplo, suas unhas passariam em um exame minucioso? Ter as unhas feitas pela esposa ou pela irmã não custa nada. Sua nuca está com aquela aparência de "está na hora de cortar de novo"? Uma passadinha rápida de navalha resolve. Qualquer um pode lustrar os próprios sapatos e passar as próprias roupas para ficar com boa aparência, não custa nada.

Lembre-se de que não há investimento melhor para o sucesso do que comprar boas roupas e acessórios. Entretanto, isso não significa que você deva torrar todo o seu dinheiro em uma orgia consumista. Ficando de olho em promoções, você consegue encontrar verdadeiras pechinchas, com economia substancial. E as mulheres, claro, podem encher seus guarda-roupas se fizerem um dos vários cursos de corte e costura gratuitos oferecidos pela ACM, por escolas públicas e grupos de recreação.

USE O "TRAJE DE DOMINGO"

Àqueles que têm condições de bancar, recomendo enfaticamente um "traje de domingo" completo, um terno muitíssimo bem-cortado ou um vestido elegante para fins de "primeira impressão". De novo, certo ou errado, você vai perceber que as pessoas se dão a grande trabalho para ajudar alguém que pareça afluente, mas fogem daqueles que parecem passar grande necessidade! Ainda que seja um defeito da natureza humana, é algo que deve ser levado em conta.

Existe outro motivo, talvez até mais importante, pelo qual você deve se manter sempre perfeitamente arrumado em público. A boa arrumação proporciona incentivo psicológico e maior autoconfiança. Sua confiança será ainda maior se você estiver acostumado a se vestir bem. Nada é mais revelador que um homem pouco à vontade, que se entrega remexendo na abotoadura ou passando o dedo pelo colarinho com os quais não está habituado.

TRUQUE FEMININO ÚTIL

Muitos homens também deveriam seguir um truque que as mulheres usam para massagear o ego: comprar um chapéu novo – e provavelmente não necessário. Seja o que for que você precise para dar uma levantada em sua atitude mental, faça! Um chapéu, uma gravata, um par de sapatos novos podem fazer maravilhas.

Existem truques de vestuário que também podem ajudar a impressionar as pessoas. Um novo conhecido pode não lembrar seu nome – mas com certeza vai se lembrar do homem que usava um cravo branco ou um anel enorme.

George S. May, consultor de empresas e promotor de golfe de Chicago, usa camisas esportivas extravagantes como marca registrada, o que o ajudou a atingir níveis altíssimos de fama e fortuna. Entretanto, aprenda primeiro a se vestir apropriadamente para cada ocasião, e você já estará dando um grande passo rumo ao sucesso.

LÍDERES TOMAM DECISÕES COM FACILIDADE

O sucesso chega mais rápido para aqueles que conseguem liderar e supervisionar outros. Ao contrário da ideia popular, as pessoas não nascem líderes – elas se tornam líderes. Mas se tornam líderes por si.

Você – e qualquer um – pode ser um líder. Mas só você pode fazer de si mesmo um líder.

A característica mais marcante da liderança é a disposição para tomar decisões. A pessoa que não quer ou não consegue tomar decisões – depois de ter elementos suficientes em que se basear – nunca pode supervisionar os outros.

Você pode treinar para tomar decisões com rapidez e com o mínimo de aflição e preocupação. É uma questão de hábito. Você pode desenvolver o bom hábito de decidir um curso de ação agora, imediatamente, ou pode desenvolver o mau hábito da procrastinação.

Aprenda antes de tudo a distinguir as grandes e as pequenas decisões - aquelas que têm altos riscos ou consequências e aquelas cujo resultado faz pouca diferença. Tome pequenas decisões o mais rápido possível. Leve mais tempo nas grandes, para ter certeza de que tem todos os fatos e de que os analisou de um ponto de vista lógico. Mas defina um prazo e, quando este acabar, tome a decisão imediatamente.

Lembre-se: uma vez tomada uma decisão, nunca olhe para trás indagando - ou se arrependendo de - como teria sido se você tivesse escolhido outro caminho. Essa contemplação é inútil. Apenas afasta sua mente das novas decisões que você inevitavelmente vai encarar.

QUALIDADE DE RESPEITO

Ao demonstrar disposição – e até ímpeto – para tomar decisões, você mostrará aos outros que está disposto a assumir responsabilidades. O reconhecimento desse fato conquistará o respeito dos outros, particularmente de seus superiores. O mundo está tão cheio de gente que tira o corpo fora que eles terão uma agradável surpresa ao descobrir alguém ansioso para dividir a responsabilidade de tomar decisões. Com isso você se destacará na mesma hora da massa que se esquiva.

Ao tentar de modo consciente diminuir o tempo que leva para tomar uma decisão, você estimula o desenvolvimento de uma iniciativa mais forte, um julgamento melhor, uma atitude mais flexível e uma mente mais aberta. Em resumo: adote uma atitude agressiva frente a decisões. Examine e resolva! Ao fazer isso, em breve perceberá que evitou que pequenos problemas se tornassem grandes problemas.

Se existe uma decisão a ser tomada, não a deixe ali parada, esperando que vá embora. Ela não irá.

O PROGRESSO CLAMA POR MENTES ABERTAS

Uma mente aberta é uma mente livre. A pessoa que fecha sua mente para novas ideias, conceitos e pessoas está fechando uma porta que escraviza sua própria mentalidade.

A intolerância é uma foice de dois gumes, que no rebote corta oportunidades e linhas de comunicação. Quando você abre sua mente, dá à imaginação a liberdade de agir por você. Você desenvolve sua visão.

Hoje em dia, é difícil de acreditar que, há menos de seis décadas, havia homens que riam dos experimentos de voo dos irmãos Wright. E há no máximo três décadas, Lindbergh mal conseguiu encontrar quem apoiasse seu voo transatlântico.

OS ZOMBADORES AGORA SÃO DESPREZADOS

Hoje em dia, os homens de visão preveem que em breve o homem voará até a Lua – mas ninguém ri disso. Os desprezados agora são os zombadores.

Mente fechada é sinal de personalidade estática. Ela deixa o progresso passar direto e, por isso, nunca tira vantagem das oportunidades que este oferece.

Apenas se tiver a mente aberta você consegue captar o pleno impacto da primeira regra da Ciência do Sucesso: "Tudo que a mente humana pode conceber, a mente pode realizar". O homem abençoado com uma mente aberta realiza proezas nos negócios, na indústria e em outras profissões, enquanto o homem de cabeça fechada continua gritando "impossível".

FAÇA UM INVENTÁRIO DE SI MESMO

Seria bom você fazer um inventário de si mesmo. Você está entre os que dizem "eu consigo" e "vai acontecer" ou está no grupo que diz que "ninguém consegue" – no exato instante em que alguém já está conseguindo?

Uma mente aberta exige fé – em si mesmo, nos semelhantes e no Criador, que deixou um legado de progresso para o homem e seu universo. Os tempos de superstição já se foram. Mas a sombra do preconceito é mais escura do que nunca. Você pode encontrar a luz fazendo um exame detalhado da sua personalidade.

Você toma decisões baseadas na lógica e na razão ou na emoção e em ideias pré-concebidas? Você ouve os argumentos de seus companheiros com atenção, rigor e consideração? Você vai atrás de fatos, em vez de boatos e rumores?

NOVOS PENSAMENTOS SÃO NECESSÁRIOS

A mente humana definha se não estiver em contato constante com a influência estimulante de novos pensamentos. Em sua técnica de lavagem cerebral, os comunistas sabem que a forma de acabar com a vontade de um homem é isolar sua mente, tirando os livros, jornais, rádio e outros canais normais de comunicação intelectual. Submetido a tais circunstâncias, o intelecto morre de desnutrição. Apenas a vontade mais forte e a fé mais pura podem salvá-lo.

É possível que você tenha aprisionado sua mente em um campo de concentração social e cultural? Você se sujeitou a uma lavagem cerebral feita por você mesmo, isolando-se de ideias que possam levar ao sucesso? Se sim, é hora de rebentar as grades de preconceito que aprisionam seu intelecto.

Abra sua mente e liberte-se!

ATINJA SEU OBJETIVO SENDO SINCERO

Para chegar ao sucesso, você precisa ter um objetivo principal definido na vida. Suas chances de atingir o objetivo serão infinitamente maiores se este incluir o desejo sincero de ajudar o próximo com produtos ou serviços melhores. A palavra principal da frase é "sincero". Sinceridade é um traço de personalidade recompensado pela autossatisfação, pelo autorrespeito e pela segurança espiritual da consciência limpa.

Precisamos conviver com nós mesmos 24 horas por dia. Essa parceria pode ser desagradável se não nos conduzirmos de modo a ter o máximo respeito pelo "outro eu" invisível, que pode nos guiar até a glória, fama e riqueza – ou nos empurrar para a miséria e o fracasso.

ANEDOTA DE LINCOLN

Um amigo de Abraham Lincoln uma vez contou-lhe que seus inimigos estavam falando coisas horríveis sobre ele. "Não ligo para o que eles dizem", respondeu Lincoln, "enquanto eles não estiverem falando a verdade."

A honestidade de propósito deixou Lincoln imune ao medo das críticas. A mesma característica o ajudou a resolver problemas aparentemente insuperáveis surgidos da Guerra Civil.

Sinceridade é uma questão de motivo. Por isso, é algo que as pessoas têm o direito de questionar antes de lhe conceder tempo, energia ou dinheiro.

Antes de fazer algo, teste sua sinceridade. Pergunte a si mesmo: "Considerando que busco um ganho pessoal com o que estou prestes a fazer, estou dando o justo valor a serviços ou bens em troca do lucro ou salário que pretendo obter – ou espero ganhar algo a troco de nada?".

Sinceridade é uma das coisas mais difíceis de se provar para os outros. Mas você deve estar preparado – e ávido – para fazer isso.

PEDIDO SINGULAR

Vejamos um exemplo. Martha Berry fundou, nas montanhas do norte da Geórgia, uma escola para meninos e meninas cujos pais não podiam pagar pelo ensino. Por precisar de dinheiro para executar seu trabalho, Martha foi até Henry Ford e pediu uma modesta doação. Ford negou.

"Muito bem", respondeu Martha Berry, "será que você pode nos dar uma saca de amendoim?" O pedido inusitado deixou Ford tão intrigado que ele deu o dinheiro para os amendoins.

Martha colocou os alunos a plantar e replantar até as vendas atingirem um fundo de US$ 500. Então levou o dinheiro de volta para Ford e mostrou como havia multiplicado a doação. Ford ficou tão impressionado que doou tratores e outros equipamentos agrícolas suficientes para tornar a fazenda-escola autossustentável. Além disso, ao longo dos anos, deu mais de US$ 1 milhão para os lindos prédios que hoje existem no *campus* da escola fundada por Martha Berry.

HUMILDADE AJUDA NA REALIZAÇÃO

Muita gente pensa na humildade, um dos principais elementos da personalidade agradável, como uma característica negativa. Mas não é. A humildade é poderosa e positiva. Na verdade, é uma força que o homem pode fazer funcionar para o seu próprio bem.

Todos os grandes avanços - espirituais, culturais ou materiais - baseiam-se na humildade. É o primeiro requisito do cristianismo. Com a ajuda da humildade, Gandhi libertou a Índia. Também com essa ajuda, o Dr. Albert Schweitzer criou um mundo melhor para milhares de africanos - para todos nós - nas selvas.

A humildade é essencial no tipo de personalidade que você precisa ter para atingir o sucesso pessoal, não importa qual seja o seu objetivo. E você vai descobrir que é ainda mais essencial após chegar ao topo.

Sem humildade, você jamais adquire sabedoria, pois uma das qualidades mais importantes de um homem sábio é a capacidade de admitir: "Eu estava errado". Portanto, sem humildade você nunca será capaz de encontrar o que eu chamo de "semente de um benefício equivalente" nas adversidades e derrotas. Verifiquei que toda adversidade ou derrota carrega consigo algo que ajuda a superá-la e até ir além. Deixe-me dar um exemplo a seguir.

FORÇA NO FRACASSO

Em 1955, cheguei como convidado à casa de Lee Braxton, empresário e ex-prefeito de Whiteville, na Carolina do Norte, no dia em que ele descobriu ter sofrido uma grave perda financeira devido à negligência de um sócio em quem confiava implicitamente havia anos.

"Quantos negócios bem-sucedidos você já fundou e administrou?", perguntei. "Uns quinze", respondeu

Braxton, "incluindo o First National Bank de Whiteville. Nunca perdi um centavo em nenhum deles. Por isso dói tanto. É um golpe feio no meu orgulho."

"Isso é bom", retruquei. "Você está prestes a descobrir que é tão forte no fracasso quanto no sucesso. Sua perda terá sido uma grande bênção se dotá-lo de humildade no coração e gratidão pelos bens que ainda possui. Com isso você poderá ser mais bem-sucedido do que nunca."

O rosto de Braxton se iluminou com um largo sorriso. "É verdade", disse ele. "Eu não havia pensado nisso."

Meses depois, recebi uma carta de Braxton. Ele disse que sua receita havia atingido o nível mais alto de todos os tempos, superando a perda que sofrera. A humildade é uma força positiva que não conhece limites.

SENSO DE HUMOR FACILITA A CAMINHADA

Senso de humor é um tremendo trunfo que pode suavizar os solavancos da estrada para o sucesso. Se você é um daqueles indivíduos abençoados com uma disposição naturalmente alegre, pode se considerar sortudo. Se não, é algo que você pode desenvolver.

É óbvio que um bom senso de humor torna a personalidade mais agradável e mais atraente, o que por si só ajuda a atingir o sucesso. Mas, mais do que isso, pode ajudar a superar fracassos momentâneos, dar a volta por cima e encontrar novos caminhos que o coloquem de volta sob o holofote do sucesso.

Um senso de humor aguçado é baseado principalmente na humildade. Com ela podemos reconhecer nossas falhas e medos, rir deles e superá-los. Com esse auxílio também podemos deixar de lado a preocupação com as situações adversas, de modo que não sejam obstáculos na trilha rumo ao objetivo.

FAMÍLIA BENEFICIADA

Foi exatamente esse tipo de bom humor constante que permitiu a Minnie Lee Steen e seus quatro filhos pequenos superar dificuldades severas no deserto de Utah enquanto seu marido, Charles, procurava pelo urânio que ele tinha certeza de que havia ali, em 1950. A água era tão escassa que o bebê tinha que tomar chá adoçado. Havia tão pouca comida que a família teve que recorrer a veados para comer carne. Pão era um luxo tão grande que as crianças devoravam como se fosse bolo.

No meio de tudo isso, Charles e Minnie Lee Steen mantiveram o senso de humor por dois anos. Para os filhos, eles transformavam os problemas em uma brincadeira – o "jogo do pioneiro", do qual as crianças gostavam muito. O resultado foi que os problemas jamais tiveram uma chance de derrubar a valente família.

No fim, Steen venceu. Encontrou urânio em uma área que, em três anos, produziu o equivalente a US$ 70 milhões em minério. O terreno arrendado está avaliado em US$ 60 milhões no mínimo. Charles e Minnie Lee Steen hoje estão no topo em grande parte devido ao bom humor persistente.

CONTAR AS BÊNÇÃOS

Aprenda a contar suas bênçãos e posses com mais frequência do que suas dificuldades e problemas. Coloque-as em primeiro plano na sua mente. Se achar difícil fazer isso, escreva um inventário e leia várias vezes para si mesmo sempre que começar a se preocupar.

Lembre-se de que muitas bênçãos são tesouros escondidos, itens ou características corriqueiros aos quais você não dá o devido valor. Sua saúde, por exemplo. Ou o amor, a admiração e a fé de sua família.

Lembre-se de que toda situação ruim poderia ser pior – como a história do homem que amaldiçoava o azar de não ter sapatos até encontrar um homem que não tinha pés. Nunca passe um dia sem orar em agradecimento pelas coisas boas que você tem, por menores que sejam. E todos os dias, dedique uma parte do seu tempo e da sua energia para ajudar os outros. Você estará jogando pão sobre as águas (Eclesiastes 11:1).

Lembre-se também de que nenhum problema é único ou inédito. Você sempre pode buscar ajuda ou conselhos. Você nunca está sozinho. Um poder superior está sempre com você. Aprenda a contar com ele. Torne regra encarar os problemas de frente, com audácia, coragem e determinação. Pois, como disse Emerson, "Uma aventura é apenas um inconveniente visto pelo lado bom".

AMERICANOS SÃO MUITO IMPACIENTES

Os americanos são apressados. Os estrangeiros consideram essa a nossa principal característica. E estão certos. É uma característica nacional que surge da energia determinada e vigorosa que é nossa maior fonte de força.

Mas essa mesma energia – essa força motriz que exige vazão imediata em forma de ação – também pode ser uma fonte de fraqueza, pois faz de nós o povo mais impaciente do mundo. Na guerra, muitos de nossos soldados se viram em desvantagem fatal frente ao inimigo devido à típica impaciência americana. Frequentemente se expunham sem necessidade em vez de apenas aguardar uma pausa do atirador.

PACIÊNCIA DEMANDA CORAGEM

A paciência exige um tipo peculiar de coragem. É um tipo persistente de tolerância e resistência que resulta da dedicação completa a um ideal ou objetivo. Por isso, quanto mais firmemente imbuído da ideia de atingir seu objetivo de vida, mais paciência você terá para superar os obstáculos.

A paciência de que estou falando é dinâmica, não passiva. É uma força positiva, não uma submissão aquiescente às circunstâncias. E surge do mesmo tipo da imensa energia que nós, americanos, temos em tamanha abundância. Entretanto, é cuidadosamente controlada e estritamente direcionada para um objetivo com uma fixação quase fanática.

É o tipo de paciência que Thomas A. Edison tinha enquanto procurava um material adequado para o filamento das lâmpadas incandescentes. Pelas próprias contas, Edison sofreu dez mil derrotas enquanto testava e descartava um material após o outro até finalmente encontrar o certo.

Uma vez perguntei a Edison o que ele teria feito se ainda não tivesse encontrado o sucesso. "Nesse caso, eu ainda estaria no meu laboratório procurando a resposta certa em vez de perder tempo conversando com você", respondeu ele com um sorriso que suavizou as palavras.

IDEIA FIXA

Como você pode desenvolver a paciência? É fácil, contanto que você tenha decidido seu objetivo principal na vida e se concentre nele com todas as forças, até estar repleto de um desejo ardente de alcançá-lo – e todos os seus pensamentos, atos e orações sejam direcionados para essa finalidade.

Foi exatamente esse tipo de ideia fixa que deu a paciência necessária para Edison inventar a luz elétrica, para Salk produzir a vacina contra a poliomielite, para Hilary escalar o monte Everest e para Helen Keller triunfar apesar das dificuldades físicas aparentemente insuperáveis. Esse mesmo tipo de concentração no objetivo principal dará a paciência de que você precisa para atingi-lo.

A SABEDORIA DA PRESENÇA MARCANTE

Na lição de hoje, vamos considerar o caso de Joe Dull[1]. Joe é um cara trabalhador – aplicado, leal, pontual, confiável e talentoso. Dá ao chefe mais do que o exigido em tempo, esforço e energia. Com certeza você acha que Joe está destinado a alcançar o sucesso.

Só que não. Joe não está chegando a lugar algum. Outros bem menos merecedores estão sendo promovidos. O fato é que Joe não tem uma presença marcante. Ele simplesmente nunca atrai a atenção do chefe.

Você é como Joe? Caso sim, desenvolva uma presença marcante e veja o quanto fica mais fácil subir a escada do sucesso.

---

1 Dull significa "maçante". (N.T.)

Mas é necessário um pouco de atenção. Existe uma nítida diferença entre a verdadeira presença marcante e outras formas menos honestas de atrair a atenção. Puxa-saquismo, por exemplo, trará mais inimigos do que amigos. Assim como fanfarrice escancarada.

A verdadeira presença marcante é criativa. Tem certo fundo de entretenimento. Exige inventividade e boa noção de *timing*.

O EXEMPLO DE UM CANDIDATO

Lembro de quando Alexander Brummit concorreu a xerife de Wise County, na Virgínia. Ele organizou um mutirão voluntário para construir uma casa nova para uma mãe viúva. Visitou os cidadãos e os convenceu a participar da ação, induziu comerciantes e lojas a contribuir com materiais e móveis. Conseguiu até que as esposas dos voluntários preparassem um grande piquenique.

Após a casa ser erguida em um só dia, Brummit transformou o piquenique em um comício, discursando para a multidão, que incluía quase todos os cidadãos votantes do município. Agradeceu por se juntarem a ele para fazer algo para uma pessoa da comunidade e concluiu pedindo a ajuda deles outra vez – para a comunidade como um todo –, para "me elegerem para o cargo, a fim de que eu possa dar ao povo de Wise County o tipo de aplicação da lei que ele merece". A presença marcante de Brummit garantiu uma vitória esmagadora na eleição.

MACFADDEN ERA MARCANTE

O dom de Bernarr Macfadden para a presença marcante de vez em quando beirava o bizarro, mas ele fez valer a pena, recebendo milhões por pular de paraquedas de cueca de flanela vermelha, andar descalço na Broadway e exibir seu extraordinário desenvolvimento muscular.

Você não precisa chegar a esses extremos. Às vezes uma atenção especial às sutilezas da cortesia e da boa educação podem atingir o mesmo objetivo.

Glenn R. Fouche, presidente da Stayform Co., conta a história de um amigo que se tornou presidente de uma grande companhia de guinchos e guindastes do Texas com um método simples. Ao vender seu primeiro pequeno guindaste, o homem, na época um jovem vendedor, escreveu para o chefe do departamento de expedições agradecendo por ter entregado o pedido rapidamente. Escreveu para o superintendente do departamento de pintura sobre o quanto ficou orgulhoso ao ver o vermelho brilhante quando o guindaste foi desembrulhado. Ao longo dos anos, ele criou o hábito de sempre tentar mostrar a cada membro da firma o quanto valorizava o trabalho deles.

Lembre-se de que a verdadeira presença marcante deve seguir um curso positivo. Ela nunca derruba ou minimiza o valor dos outros. Ninguém pode chegar ao sucesso sobre as costas de alguém.

Se você é como o bom e confiável Joe Dull, talvez seja modesto, tímido e retraído demais para apresentar ideias, sugestões e ofertas de serviço extra para o seu chefe pessoalmente. Nesse caso, escreva bilhetes. Eles garantem o devido crédito!

Mas não espere. Comece agora a usar a presença marcante como ferramenta para construir o seu sucesso!

ESPERANÇAS E SONHOS ENGRANDECEM

A esperança é a matéria-prima com a qual você constrói o sucesso. A esperança se cristaliza como fé, a fé como determinação, e a determinação como ação. A esperança brota principalmente dos sonhos de um mundo melhor, de uma vida melhor, de um amanhã melhor. Baseado na esperança, você definirá seu objetivo de vida principal e o tornará realidade.

Anos atrás, por exemplo, James J. Hill estava sentado na frente de um telégrafo enviando a mensagem de uma mulher para uma amiga cujo marido havia morrido em um acidente de trem. A mensagem dizia: "Que sua dor seja amenizada pela sua esperança de encontrar seu marido em um mundo melhor".

A palavra "esperança" grudou na mente de Hill. Ele começou a pensar sobre os poderes e possibilidades da esperança. Isso o guiou para o sonho de algum dia construir uma nova ferrovia para o Oeste. O sonho gradativamente se fortaleceu como uma determinação absoluta que Hill fez frutificar com a construção do sistema ferroviário Great Northern.

UM TRABALHO DE 24 ANOS

Manuel L. Quezon ousou sonhar e ter esperança na emancipação de suas queridas ilhas, as Filipinas. Ele ousou até mesmo esperar algum dia ser presidente de uma república filipina livre.

A esperança de Quezon se transformou em fé – e então em ação, quando conseguiu ser indicado comissário residente das ilhas. Por 24 anos ele dedicou todos os esforços para o dia em que o território se tornasse um país independente. Sei disso porque éramos bons amigos, e com frequência ele me permitia dar conselhos sobre meios de alcançar seus objetivos políticos.

Os esforços de Quezon, como todo mundo sabe, foram bem-sucedidos. No dia em que foi eleito presidente da nova República das Filipinas, ele me mandou este telegrama: "Quero agradecê-lo de todo o coração por ter me inspirado a manter acesa em meu peito a chama da esperança até este glorioso dia de triunfo".

SONHE GRANDE

O aprendizado na história de Quezon é que você deve dar à sua imaginação total liberdade para criar esperança. Ouse sonhar grande. Encha-se da fé de que nada é impossível, já que "tudo que a mente humana pode conceber, a mente pode realizar".

A partir da esperança e da fé, decida seu objetivo principal. Escreva-o. Guarde-o na memória. Faça dele a estrela fixa que guia até o sucesso. E então comece a agir para realizá-lo.

Toda história de sucesso com um final feliz começa com a frase "Era uma vez uma pessoa que sonhava um dia...". A sua deve começar da mesma maneira.

VOCÊ É AVALIADO PELA MANEIRA DE FALAR

Toda nova pessoa que você conhece é um juiz. Você é o réu. Consciente ou inconscientemente, todos – até mesmo o conhecido mais casual – tentam julgar que tipo de pessoa você é, como você pensa, o que faz você vibrar.

O que as pessoas acham de você nesses encontros tão breves depende de duas coisas – sua aparência e sua fala. Você deve deixar a melhor impressão possível todas as vezes, já que a próxima pessoa que conhecer pode ser aquela que vai dar um tremendo empurrão escada acima, rumo ao sucesso.

Sua forma de falar e a escolha das palavras vão pesar muito mais a favor ou contra do que qualquer outro fator. Por isso, você deve tomar esta como uma regra de vida: sempre escolha as palavras com a mesma atenção e cuidado que teria se estivesse falando em um estádio para dez mil pessoas, com transmissão para mais dez milhões pelo rádio.

SIMPLICIDADE É MELHOR

Escolher bem as palavras não significa que você deva usar uma linguagem rebuscada, formal ou empolada. A linguagem casual e simples carrega uma força e um significado muito maiores. Embora a correção gramatical seja altamente desejável, alguns dos pensamentos mais profundos já foram expressados sem gramática, como no caso de Einstein.

Mas um elemento essencial é um bom vocabulário. Quase que invariavelmente pensamos por meio de palavras. Sem um grande estoque de palavras, a abrangência do nosso pensamento fica muito limitada.

Se você carece de um bom vocabulário, crie o hábito diário de folhear um bom dicionário. Estude o Thesaurus de Roget para entender as nuances de significados dos sinônimos. Aprenda uma nova palavra por dia, aplicando-a em pelo menos dez frases, para treinar. Trate de usá-la sempre que possível.

PLENO SIGNIFICADO

As novas palavras a serem aprendidas não precisam ser compridas ou difíceis, mas têm de ser repletas de significado. Concentre-se nos verbos e palavras que transmitem ideias subjetivas difíceis de expressar, a não ser que você já tenha as palavras certas na ponta da língua.

Aprenda a usar a palavra certa no lugar certo e no momento certo. Isso só é possível com a prática na conversa diária.

A partir de agora, tire de seu vocabulário toda profanidade, blasfêmia, obscenidade e desrespeito. O uso de profanidade ou blasfêmia entrega na hora quem não domina o poder das palavras para expressar suas emoções de forma apropriada. Obscenidade, piadas de mau gosto e de duplo sentido servem para pessoas vulgares que carecem de sagacidade para ser realmente divertidas ou engraçadas. Irreverência com a própria religião ou a de outras pessoas é sempre de imperdoável mau gosto.

O PENETRA LONDRINO

A discussão sobre o uso de palavras apropriadas me lembra da história que ouvi sobre um grande jantar oferecido por um ex-primeiro-ministro da Grã-Bretanha. Um cavalheiro de aspecto muito distinto chegou em traje impecável. Sua aparência impressionou a todos. Só que ninguém parecia conhecê-lo.

Enquanto o jantar era servido, um garçom ofereceu ao estranho bem-vestido um prato de batatas assadas. O convidado deu um largo sorriso e falou pela primeira vez. "Ah! Batatinhas pra mim!", proclamou ele em um estridente sotaque londrino. Foi expulso no mesmo instante como penetra.

Moral da história: se você não sabe a palavra certa em alguma ocasião, fique de boca fechada e estará livre de encrenca.

SEJA OTIMISTA PARA ATINGIR OS OBJETIVOS

O otimismo é uma das características mais importantes da personalidade agradável. Mas é, em grande parte, resultado de outras características que já discutimos – senso de humor, esperança, capacidade de superar o medo, contentamento, atitude mental positiva, flexibilidade, fé e determinação. Você pode evitar o pessimismo mediante a crença absoluta em duas verdades básicas da Ciência do Sucesso:

- Tudo que a mente humana pode conceber, a mente pode realizar.
- Toda adversidade e derrota carregam a semente de um benefício equivalente.

TRACE PLANOS AGRADÁVEIS

Em vez de se preocupar com as coisas ruins que possam sobrevir, passe alguns minutos de cada dia enumerando as coisas boas que acontecerão amanhã, na semana que vem, no ano que vem! Ao pensar nelas, você se vê traçando planos para fazê-las acontecer. E então exercita o hábito do otimismo.

Nenhum grande líder ou personalidade bem-sucedida foi pessimista. O que alguém assim ofereceria aos seguidores além de desespero e derrota?

Mesmo nos dias mais sombrios da Guerra Civil, os líderes de ambos os lados – como Lincoln e Lee – mantiveram a fé em dias melhores por vir. O otimismo natural de Franklin D. Roosevelt injetou um novo espírito de esperança em uma nação abatida pela Depressão. Mesmo líderes infames – os Hitlers, Stalins, Mussolinis e Maos – se apoiam nas promessas de dias melhores para conquistar seguidores, com lemas como "amanhã o mundo", "nada a perder além de nossos grilhões" e "a nova Ásia".

Lembre-se de que semelhantes atraem semelhantes. Otimistas tendem a se juntar com otimistas, assim como o sucesso atrai mais sucesso. O pessimista cria preocupações e problemas sem nem abrir a boca porque sua atitude mental negativa serve como um ímã para eles.

O otimismo é em si um tipo de sucesso. Significa que você tem uma mente saudável, tranquila e feliz. Um homem extremamente rico pode ser um fracasso em termos físicos se seu pessimismo constante provocar uma úlcera.

FAÇA JULGAMENTOS SÓLIDOS

O otimismo não é um estado mental em que você atira o discernimento pela janela na crença idealista de que os eventos futuros se resolverão sozinhos. Isso é a perspectiva dos tolos. Otimismo é a firme crença na capacidade de fazer as coisas darem certo por pensar à frente e decidir o melhor curso de ação baseado em um julgamento sólido. Deixe-me dar um exemplo.

No ápice do grande *boom* de 1928, havia os falsos otimistas que se recusavam a acreditar que a bolha poderia estourar um dia. Eles zombavam dos "pessimistas" previdentes, que alertavam que a nação estava caminhando sobre um terreno perigoso de inflação e especulação.

Quando veio o colapso, os "otimistas" foram pegos de surpresa. Muitos careceram de força espiritual para buscar a vitória na derrota e se mostraram os verdadeiros pessimistas. Mas aqueles que olharam à frente de modo destemido e honesto se colocaram em posição de lucrar horrores com vendas a descoberto e outras estratégias. Estes se revelaram os verdadeiros otimistas.

Você pode ser esse tipo de otimista. Aprenda a encarar o futuro de frente. Analise-o. Pese os fatores com julgamento lúcido. Depois decida o curso de ação para que as coisas aconteçam como você quer. Você vai descobrir que o futuro não guarda nada que você deva temer.

CONHEÇA NOSSOS TÍTULOS EM PARCERIA COM A FUNDAÇÃO NAPOLEON HILL

MAIS ESPERTO QUE O DIABO
Napoleon Hill

Fascinante, provocativo e encorajador, *Mais esperto que o Diabo* mostra como criar a senda para o sucesso, a harmonia e a realização em meio a incertezas e medos.

ATITUDE MENTAL POSITIVA
Napoleon Hill

Sua mente é um talismã com as letras AMP de um lado e AMN do outro. AMP, a atitude mental positiva, atrairá sucesso e prosperidade. AMN, a atitude mental negativa, vai privá-lo de tudo que torna a vida digna de ser vivida. Seu sucesso, saúde, felicidade e riqueza dependem do lado do talismã que você usar.

QUEM PENSA ENRIQUECE – O LEGADO
Napoleon Hill

O clássico *best-seller* sobre o sucesso agora anotado e acrescido de exemplos modernos, comprovando que a filosofia da realização pessoal de Napoleon Hill permanece atual e ainda orienta aqueles que são bem-sucedidos. Um livro que vai mudar não só o que você pensa, mas também o modo como você pensa.

A ESCADA PARA O TRIUNFO
Napoleon Hill

Um excelente resumo dos dezessete pilares da Lei do Triunfo, elaborada pelo pioneiro da literatura de desenvolvimento pessoal. É um fertilizador de mentes, que fará com que a sua mente funcione como um ímã para ideias brilhantes.

A CIÊNCIA DO SUCESSO
Napoleon Hill

Uma série de artigos do homem que mais influenciou líderes e empreendedores no mundo. Ensinamentos sobre a natureza da prosperidade e como alcançá-la, no estilo envolvente do consagrado escritor motivacional.

MAIS QUE UM MILIONÁRIO
Don M. Green

Don M. Green, diretor executivo da Fundação Napoleon Hill, apresenta de forma simples e didática todos os ensinamentos da Lei do Sucesso que aplicou em sua vida.

O PODER DO MASTERMIND

Mitch Horowitz

Com este manual você vai aprender a construir o MasterMind, a mente mestra, um inconsciente coletivo de abundância. Precioso para iniciantes e, se você já tem algum grau de experiência com o MasterMind, uma excelente leitura de apoio e renovação, com técnicas que poderão ser testadas no seu grupo.

O MANUSCRITO ORIGINAL

Napoleon Hill

A obra-prima de Napoleon Hill, na qual ele apresenta em detalhes a Lei do Sucesso. Neste marco da literatura motivacional, Hill explica didaticamente como escolher o objetivo principal de vida e pensar e agir focado na realização de metas.

PENSE E ENRIQUEÇA PARA MULHERES

Sharon Lechter

A autora apresenta os ensinamentos de Napoleon Hill com relatos inspiradores de mulheres bem-sucedidas e suas iniciativas para superar obstáculos, agarrar oportunidades, definir e atingir metas, concretizar sonhos e preencher a vida com sucesso profissional e pessoal.

PENSO E ACONTECE
Greg S. Reid e Bob Proctor

Proctor e Reid exploram a importância vital da forma de pensar para uma vida de significado e sucesso. A partir de entrevistas com neurocientistas, cardiologistas, professores espirituais e líderes empresariais, explicam como pensar melhor para viver melhor.

QUEM CONVENCE ENRIQUECE
Napoleon Hill

Saiba como utilizar o poder da persuasão na busca da felicidade e da riqueza. Aprenda mais de 700 condicionadores mentais que vão estimular seus pensamentos criativos e colocá-lo na estrada da riqueza e da felicidade – nos negócios, no amor e em tudo que você faz.

COMO AUMENTAR O SEU PRÓPRIO SALÁRIO
Napoleon Hill

Registro de uma série de conversas entre Napoleon Hill e seu mentor, o magnata do aço Andrew Carnegie, um dos homens mais ricos da história. Em formato pergunta–resposta, apresenta em detalhes os princípios que Carnegie utilizou para construir seu império.

VOCÊ PODE REALIZAR SEUS PRÓPRIOS MILAGRES

Napoleon Hill

O autor revela o sistema de condicionamento mental que auxilia no domínio de circunstâncias indesejáveis, como dor física, tristeza, medo e desespero. Esse sistema também prepara o indivíduo para adquirir todas as coisas de que necessite ou deseje, tais como paz mental, autoentendimento, prosperidade financeira e harmonia em todas as relações.

THINK AND GROW RICH

Napoleon Hill

Um dos livros mais influentes da história, apresenta a fórmula para acumular fortuna e comprova que a receita do sucesso é atemporal. Uma produção brasileira para amantes da literatura norte-americana e para quem deseja aperfeiçoar seu inglês com conteúdo enriquecedor.